Catequese Caminhando com Jesus
III etapa de preparação à Eucaristia

Dados Internacionais de Catalogação na Publicação (CIP)
(Câmara Brasileira do Livro, SP, Brasil)

Igreja Católica. Paróquia Senhora Sant'Ana de Caetité
  Catequese Caminhando com Jesus: III etapa de preparação à Eucaristia / Paróquia Senhora Sant'Ana de Caetité, Rosângela Alves de Aguiar. 2. ed. – Petrópolis, RJ : Vozes, 2014. – (Caminhando com Jesus)

Bibliografia.

4ª reimpressão, 2020.

ISBN 978-85-326-4513-5

  1. Catequese – Igreja Católica – Estudo e ensino 2. Eucaristia – Ensino bíblico I. Aguiar Rosângela Alves de. II. Título. III. Série.

13-00429   CDD-268.61

Índices para catálogo sistemático:
1. Catequese: Textos e manuais: Instrução religiosa   268.61

Paróquia Senhora Sant'Ana de Caetité
Rosângela Alves de Aguiar

Catequese Caminhando com Jesus
III etapa de preparação à Eucaristia

Petrópolis

© 2013, Editora Vozes Ltda.
Rua Frei Luís, 100
25689-900 Petrópolis, RJ
www.vozes.com.br
Brasil

Todos os direitos reservados. Nenhuma parte desta obra poderá ser reproduzida ou transmitida por qualquer forma e/ou quaisquer meios (eletrônico ou mecânico, incluindo fotocópia e gravação) ou arquivada em qualquer sistema ou banco de dados sem permissão escrita da editora.

CONSELHO EDITORIAL

Diretor
Gilberto Gonçalves Garcia

Editores
Aline dos Santos Carneiro
Edrian Josué Pasini
Marilac Loraine Oleniki
Welder Lancieri Marchini

Conselheiros
Francisco Morás
Ludovico Garmus
Teobaldo Heidemann
Volney J. Berkenbrock

Secretário executivo
João Batista Kreuch

Organização textual: Maria Cecília M.N. Giovanella
Editoração: Maria da Conceição B. de Sousa
Ilustração: Daniel de Souza Gomes
Projeto gráfico e diagramação: Ana Maria Oleniki
Capa: Ana Maria Oleniki

ISBN 978-85-326-4513-5

Editado conforme o novo acordo ortográfico.

Este livro foi composto e impresso pela Editora Vozes Ltda.

Sumário

Apresentação 7
Quem sou eu? 8
III etapa de preparação à Eucaristia 9
   Uma palavra aos catequistas 9
   Uma palavra aos pais e/ou responsáveis 10
Querido(a) catequizando(a) 11
Encontro 1: Reencontrando meus amigos
             na catequese 13
Encontro 2: Pentecostes: a vinda do Espírito Santo! 17
Encontro 3: O que é Igreja? 21
Encontro 4: Igreja: povo que se organiza! 23
Encontro 5: Nossa comunidade: família de Deus! 28
Encontro 6: Dízimo: participação na Igreja! 32
Encontro 7: Ano Litúrgico 35
Encontro 8: Tempo do Advento 38
Encontro 9: Tempo do Natal 40
Encontro 10: Quaresma: tempo favorável
               à conversão 44
Encontro 11: A Festa de *Corpus Christi*! 48
Encontro 12: Vocação: chamado de Deus! 51
Encontro 13: Somos missionários 55
Encontro 14: Os sacramentos: sinais de vida! 58
Encontro 15: Os sacramentos da iniciação cristã 62
Encontro 16: A Eucaristia: Pão da Vida, pão repartido! 66
Encontro 17: O banquete eucarístico! 69
Encontro 18: Jesus vem a nós na Eucaristia 72
Encontro 19: A Celebração Eucarística 77
Encontro 20: Os sacramentos da cura 82
Encontro 21: A Parábola do Filho Pródigo 88
Encontro 22: Os sacramentos do serviço 91
Orações 95
Anexos: 1 Rito de Fortalecimento (exorcismos) 97
       2 Rito de entrega do Creio ou Símbolo 99
       3 Rito de entrega da Oração do Senhor 100
Referências 101

Apresentação

A catequese é para nós o coração da Igreja. Sem ela a evangelização fica prejudicada. Pois é a forma organizada, processual e metódica de educar na fé. Ela deve ser educação permanente para a comunhão e participação na comunidade cristã.

A(o) catequista é quem instrui na Palavra de Deus o discípulo de Jesus, o catequizando. Todos somos catequizandos, pois precisamos ser instruídos na Palavra.

O padre é o primeiro catequista e, assim sendo, quero convocar a todos para ingressar num mutirão evangelizador, por meio de uma catequese adequada que promova adesão pessoal e comunitária a Jesus Cristo, pois

> ou educamos na fé, colocando as pessoas realmente em contato com Jesus Cristo e convidando-as para segui-lo, ou não cumpriremos nossa missão evangelizadora (DAp 287).

Tenham os encontros de catequese caráter de iniciação cristã, marcadamente bíblico, gradual, simbólico e celebrativo. Aos catequizandos não batizados ofereçam a oportunidade de, ao final da III etapa, receberem o Batismo, precedido pelas celebrações dos ritos previstos de Eleição, Exorcismos e Entrega do Símbolo de Fé, adaptados a sua idade e com a participação dos colegas.

Meu coração exulta de alegria pela publicação dos três livros da Coleção *Catequese Caminhando com Jesus* para subsidiar catequistas e catequizandos da Eucaristia.

Costumo me referir aos catequistas como os operários da primeira hora e à catequese como o ministério mais difícil, contudo, mais gratificante. Aos catequistas desejo coragem, alegria, teimosia e perseverança. Nosso sincero agradecimento.

Aos pais e catequizandos, nosso desejo de que façam bom uso do material, enriqueçam-se com outras fontes e junto com o conhecimento venha a vivência.

Sant'Ana, modelo de educadora na fé, interceda a Jesus por nós.

Pe. Osvaldino Alves Barbosa
Coordenador da Unidade Pastoral de Caetité

Quem sou eu?

Meu nome: _____

Meu endereço: _____

_____

O dia em que nasci: _____

Cidade: _____ Estado: _____

Meus pais: _____ e _____

O dia em que recebi o batismo: _____

Meus padrinhos: _____ e _____

Meus irmãos: _____

_____

_____

O que mais gosto de fazer:

_____

_____

_____

Catequista(s) da turma:

_____

Horário dos encontros de catequese:

_____

_____

III ETAPA DE PREPARAÇÃO À EUCARISTIA

Uma palavra aos catequistas

Este III volume da coleção Catequese Caminhando com Jesus visa contribuir na iniciação cristã dos catequizandos que estão se preparando para receber o Sacramento da Eucaristia. Apresenta uma proposta de formação inicial que servirá de fundamentação para a caminhada de fé por toda a sua vida.

Nesta III etapa da catequese vamos conhecer os sacramentos, de modo especial os sacramentos da Eucaristia e da Reconciliação, e também entender a história da nossa Igreja e como celebramos a nossa fé. Trata-se de uma catequese sistemática, com a apresentação de conteúdos bem-planejados, respeitando, é claro, o catequista e sua sensibilidade, bem como a capacidade intelectiva dos catequizandos, para motivá-los a participar nas celebrações litúrgicas e conduzi-los à inserção na comunidade eclesial.

A seguir apresentamos algumas sugestões que poderão ser trabalhadas para dar brilhantismo maior aos encontros de catequese:

- Que o desenvolvimento dos encontros prime pela afetividade nos relacionamentos ao acolher e respeitar as ideias e opiniões dos catequizandos, ao ajudá-los a se sentirem membros do grupo.

- Que a catequese seja reconhecida como parte da vida dos catequizandos ao estar atenta às datas comemorativas, como aniversários e festas religiosas da comunidade, tornando-as importantes e significativas.

- Que a interação catequese e família seja promovida por visitas coletivas às famílias dos catequizandos.

- Que os encontros sejam encantadores para enriquecer as propostas dos temas e textos do livro, propiciando aos catequizandos um ambiente que favoreça maior compreensão, experiências de oração, momentos de reflexão, atividades dinâmicas e lúdicas, organização de atividades especiais como passeio, visita à igreja e instituições sociais, entrevistas com o padre e agentes pastorais etc. Estas, entre outras possibilidades, contribuem para que seja possível perceber que a catequese é um trabalho orgânico na Igreja que envolve muitas pessoas e grupos. O catequista não pode ser a única referência para o catequizando, mas é essencial para anunciar a Palavra de Deus e garantir uma parte do processo de educação da fé.

- Que o catequizando seja motivado a ler a Bíblia, seja por meio de leitura individual ou em grupo nos encontros e com a família. Para isso é importante criar círculos bíblicos mirins e incentivar os catequizandos a participarem, treinando entre os catequizandos aqueles que podem ser os coordenadores para essa missão.
- Que a prática da reflexão e meditação da Palavra de Deus seja aprofundada com a participação em retiros.
- Que o catequizando seja motivado a viver os sacramentos da Eucaristia e da Reconciliação.
- Que se intensifique o aspecto orante da catequese, com momentos de espiritualidade bem-preparados. Explorar e enriquecer os momentos de oração propostos nos encontros.
- Que sempre que se faça necessário os temas sejam ampliados, em dois ou mais encontros, para ajudar os catequizandos a realizar o encontro pessoal com o Senhor.

Uma palavra aos pais e/ou responsáveis

Cada família é convidada a participar da educação da fé dos catequizandos, seus filhos, para que, pelo seu testemunho, o anúncio dos valores do Evangelho, realizado nos encontros de catequese, tenha força na sua formação cristã.

Queridos pais e familiares, os catequistas contam com o seu acompanhamento e ajuda aos catequizandos, em seu cotidiano, para que possam viver aquilo que semanalmente é anunciado nos encontros de catequese. Para isso, sugere-se que leiam o conteúdo deste livro para ajudá-los a refletir em família sobre a sua vida de fé, a sua relação com Deus, consigo mesmo, com os outros e com a Igreja. Ainda é importante para a formação cristã dos catequizandos, seus filhos, que também participem dos momentos celebrativos da comunidade e dos encontros com a família que a catequese promove. Deste modo realiza-se a interação da catequese com a família visando garantir que ao final desta III etapa os catequizandos comecem a participar da Eucaristia como a grande festa de comunhão com o Senhor e com a comunidade de fé.

Querido(a) catequizando(a)

Que a paz de Jesus esteja com você!

Estamos iniciando a III etapa de catequese de sua preparação para a Eucaristia, e vamos conhecer os sacramentos. De modo especial, os sacramentos da Eucaristia e da Reconciliação, e também entender a história da nossa Igreja e como celebramos a nossa fé. Para isso, este livro apresenta textos, citações bíblicas, atividades e momentos de oração que ajudam a viver os ensinamentos de Jesus para conquistar a felicidade e testemunhar os valores do Evangelho junto a sua família, aos amigos e na sociedade.

Aproveite este ano para entrar em sintonia com Deus Filho, e nosso irmão Jesus. Fale também com Maria, pedindo-lhe para ajudá-lo a ter um ano de crescimento no entendimento da Palavra de Deus e a celebrar o Sacramento da Eucaristia em sua comunidade.

Um forte abraço na paz de Jesus.

REENCONTRANDO MEUS AMIGOS NA CATEQUESE

1

Fizemos uma caminhada de dois anos unidos na mesma fé. Este ano de catequese será muito especial porque ao final receberemos o Sacramento da Eucaristia. É bom saber que compartilharemos deste momento com os amigos.

Jesus também tinha amigos, os discípulos, e com eles compartilhou como conviver e formar uma comunidade de amigos unidos pelo amor do Pai. Com as atitudes de Jesus junto aos discípulos aprendemos que na convivência é possível conhecer melhor as pessoas, respeitá-las do jeito que são e oferecer ajuda uns aos outros.

✤ Vamos ler Ecl 4,9-10 e pensar:

- Como foi a nossa convivência com a turma de catequese no ano anterior? Conseguimos nos conhecer e nos ajudar?

Entre amigos descobrimos que ninguém é maior e melhor do que o outro. Cada um possui qualidades que podem ajudar a todos. Jesus nos ensina algo sobre isso. Vamos descobrir o que é?

✤ Leia: Jo 15,15

Jesus também quer que você e sua turma de catequese façam parte do grupo dos seus amigos, unidos na mesma fé.

Agora observe sua turma de catequese e acolha cada um com um sorriso. Depois, desenhe cada um em torno da imagem de Jesus e escreva os seus nomes e palavras que expressem atitudes necessárias à convivência.

 Conviver com os amigos da catequese nos ajuda a fazer a experiência dos discípulos que, unidos, oravam e se fortaleciam para seguir os ensinamentos do amigo Jesus.

ATIVIDADES

1. Escreva o que você aprendeu nos encontros do ano passado.

   _____
   _____
   _____
   _____
   _____
   _____
   _____
   _____
   _____
   _____
   _____

2. Para chegar até aqui contamos sempre com nosso(a) catequista e com alguns materiais de apoio. Escreva o nome dos(as) catequistas que estiveram com você durante estes anos.

   _____
   _____

3. Vamos desenhar a Bíblia, nosso principal livro de catequese. Ao redor dela escreva palavras que representem as atitudes que você precisa cultivar como amigo, a exemplo do que aprendeu com Jesus.

O ENCONTRO EM ORAÇÃO

Agradeçamos a Deus pela nossa caminhada na catequese. Rezemos dizendo:

Todos: *Obrigado(a), Senhor.*
Pelos catequistas, educadores da fé que me acompanham.
Pelos meus familiares que me acompanham na catequese.
Pelos meus colegas e amigos que estiveram presentes, unidos na mesma fé.
Por todo o aprendizado da Palavra de Deus que me ajuda a tornar-me um ser humano melhor.
Deus, nosso Pai, por tudo isso agradecemos, com imensa alegria, por tão grande amor por nós.
Todos: *Assim seja.*

 ## PARTILHANDO COM A FAMÍLIA

Converse sobre o encontro e comente a importância da presença de sua família neste momento da catequese. Combinem de sempre fazerem o que é proposto no item Partilhando com a Família.

PENTECOSTES: A VINDA DO ESPÍRITO SANTO!

2

No Dia de Pentecostes, cinquenta dias depois da Páscoa, é comemorada pela Igreja a descida do Espírito Santo sobre os apóstolos e Maria, mãe de Jesus. Para os cristãos, nesse dia a Igreja foi manifestada ao mundo inteiro como fruto do Espírito Santo, que Jesus enviou aos discípulos.

✤ Leia At 1,4-14 e At 2,1-13

Orientados pelo catequista, dividam-se em grupos para dramatizar os textos bíblicos e depois conversar sobre os acontecimentos.

No Dia de Pentecostes o Espírito Santo impulsiona os apóstolos a anunciar em todos os cantos as maravilhas de Deus.

O início da missão da Igreja

Depois de Pentecostes a Igreja dá início a sua missão, animada pelo Espírito Santo. É Ele quem concede os dons para que todos possam cumprir a missão de ser colaboradores de Jesus na construção do reino de paz, justiça, verdade e fraternidade, atuando como membro da Igreja, testemunhando a fé.

ATIVIDADES

1. A partir da leitura dos textos bíblicos, responda:

   ✴ Jesus disse aos apóstolos para que esperassem o cumprimento da promessa do Pai, que o ouviram dizer. Qual era essa promessa?
   _____
   _____
   _____
   _____

   ✴ O que aconteceu no Dia de Pentecostes?
   _____
   _____
   _____
   _____

2. Vamos conhecer os dons do Espírito Santo e seu significado? Para saber, use o banco de palavras para completar as respostas.

   verdade   bem   medo   anunciar

   Fortaleza: capacidade para não ter _____ de falar a _____, firmeza em lutar pelo _____, segurança para falar de Deus e _____ a mensagem do Evangelho.

   comunhão   vida   oração   viver   ajuda a amar

   Piedade: é o dom que nos _____ a Jesus, a sentir necessidade de _____ em _____ com Deus por meio da _____ e da _____ em comunidade.

   bem   orientar   disponibilidade   próximo   palavra   amizade

   Conselho: é o dom da _____ para ajudar, para fazer o _____ ao _____ e _____ as pessoas que precisam de uma _____ de conforto e _____.

   vontade   grandeza   reconhecimento   amor   viver

   Temor de Deus: é o _____ da _____ e do _____ de Deus por nós, que faz _____ de acordo com a _____ de Deus, por amor.

agir   olhar   reconhecer   ação   vontade

Sabedoria: ajuda-nos a _____ no mundo e nas pessoas a _____ de Deus; ajuda-nos a _____ as situações e _____ de acordo com a _____ de Deus.

salvação   ajuda   compreender   fé

Entendimento: _____ a compreender as verdades de nossa _____ na _____ que Jesus nos trouxe; a _____ o Evangelho.

Deus   criar   recriar   conhece
aparências   libertação   verdade   conhecer

Ciência: é o dom que ajuda a _____ o mundo como _____ o _____, sem enganar-se pelas _____, compreendendo onde está a _____ e a _____ e _____ as formas de _____, a exemplo de Jesus.

3. Sob a orientação de seu catequista escreva o nome dos símbolos do Espírito Santo.

_____
_____
_____
_____
_____
_____
_____
_____
_____
_____
_____
_____
_____

O ENCONTRO EM ORAÇÃO

Peçamos ao Espírito Santo que nos ilumine para que, a exemplo dos apóstolos, possamos anunciar as suas maravilhas a todas as pessoas, rezando:

Vinde, Espírito Santo, enchei os corações dos vossos fiéis e acendei neles o fogo do vosso amor! Enviai o vosso Espírito e tudo será criado, e renovareis a face da terra.

Oremos: *Ó Deus, que instruísses os corações dos vossos fiéis com a luz do Espírito Santo, fazei que apreciemos retamente todas as coisas segundo o mesmo Espírito e gozemos sempre de sua consolação, por Cristo, Nosso Senhor. Amém.*

Encerrar o momento de oração cantando uma música sobre o Espírito Santo.

 ## PARTILHANDO COM A FAMÍLIA

Converse com sua família sobre como podem ser continuadores da missão, usando os dons que receberam para levar as maravilhas de Deus às pessoas. Cada um dê a sua sugestão.

O QUE É IGREJA?

3

Jesus chamou 12 homens, os apóstolos, para segui-lo, e os preparou para continuar a sua missão de levar aos povos a sua mensagem de amor e de salvação. Hoje somos a Igreja, os discípulos continuadores da missão de Jesus.

- Leia Mt 16,1-19 e converse com o seu catequista e colegas. Depois escreva os versículos:

  - Mt 16,18:
  _____
  _____

  - Mt 16,19:
  _____
  _____

Jesus escolheu Pedro como seu chefe (cf. CIC 765) para estar junto do povo orientando os seus discípulos, mantendo a unidade. Ele foi o primeiro papa da Igreja. Todos somos continuadores da missão dos apóstolos. O povo é a Igreja viva de Jesus Cristo, chamada a anunciar e praticar os valores do Evangelho, animada pelo Espírito Santo.

A Igreja é una, santa, católica e apostólica

Una: tem o mesmo Deus, confessa uma só fé, nasce de um só Batismo, tem os mesmos sacramentos, celebrações, sucessão apostólica e papa.

Santa: a Igreja é santa em virtude da sua origem: ela vem de Deus. Também é pecadora porque é formada por seres humanos, que são santos e pecadores. Por essa razão precisamos nos purificar pelos ensinamentos da Bíblia e, por meio dos sacramentos, para a vivência de uma santidade maior, para que a nossa Igreja se torne mais santa.

Católica: a palavra católica quer dizer universal. Nela há lugar para todos, e de todos os povos. Eles são acolhidos sem distinção, pois cada um, com o seu jeito e estilo de vida, professa a mesma fé.

Apostólica: a Igreja foi constituída sobre os apóstolos e é mantida na verdade. Cristo a governa por meio de Pedro e os demais apóstolos, presentes em seus sucessores, o papa e os bispos, que continuam transmitindo as palavras ouvidas da boca dos apóstolos, testemunhas escolhidas e enviadas em missão pelo próprio Cristo (cf. CIC 857; 869).

ATIVIDADES

1. O Apóstolo Pedro é o primeiro chefe, responsável pela Igreja. Quem é o seu sucessor?

   _____

2. Depois da leitura do texto bíblico e das conversas com o seu catequista e colegas, responda: O que é a Igreja?

   _____
   _____
   _____

O ENCONTRO EM ORAÇÃO

Professemos a nossa fé rezando a oração do Credo, meditando sobre o seu significado.

Encerrar a oração com um canto de súplica para que Deus o ajude a crer e aumentar a sua fé.

PARTILHANDO COM A FAMÍLIA

Conte a sua família o que aprendeu e veja o que respondem quando perguntar: O que é a Igreja? Compare com a sua resposta na atividade.

IGREJA: POVO QUE SE ORGANIZA!

4

Você sabia que a palavra Igreja vem do grego *ekklèsia*? Ela quer dizer convocação, reunião, assembleia. A Igreja é o povo que Deus reúne no mundo inteiro (cf. CIC 751 e 752). Sendo assim, Igreja são todos os batizados como você e as muitas pessoas que se dedicam ao seu serviço, que colocam seus dons para anunciar a mensagem do Evangelho e a pessoa de Jesus Cristo.

✤ Leia 1Cor 12,12-13 e 1Cor 12,27-30.

Converse com seu catequista e colegas sobre estes textos bíblicos.

Depois escreva a sua conclusão:

_____
_____
_____
_____
_____

Ser Igreja é viver em comunidade, e isso significa viver em comunhão. Para isso nossa Igreja se organiza numa estrutura com algumas divisões, tais como:

Arquidiocese: é a província eclesiástica formada por várias dioceses de uma região. Quem a governa e preside é o arcebispo.

Diocese: é "a porção do povo de Deus confiada a um bispo" (CDC 369), também chamada de Igreja Particular. Uma diocese é formada por várias paróquias dirigidas por um bispo. A igreja central de uma diocese chama-se catedral.

Paróquia: é uma comunidade formada de comunidades dentro da diocese, cuidada por um padre que recebe o título de pároco, nomeado pelo bispo da diocese. Quando possível, há um diácono para ajudá-lo a atender a comunidade. A paróquia é comunidade de fé que tem a missão de evangelizar, celebrar a liturgia e realizar a formação humana, como também fazer a inculturação da fé, ou seja, apresentar a Boa-nova de Jesus, para que esta se torne importante nas famílias, nas Cebs, nos grupos e nos movimentos e, por meio deles, atinja a sociedade (cf. SD 58).

Cebs (Comunidades Eclesiais de Base): reúnem-se em capelas, escolas ou em casa de família. É uma pequena comunidade de uma região que está sob a responsabilidade de uma paróquia. Nela os fiéis leigos celebram a Palavra de Deus, ou o culto, fazem a catequese e outras atividades evangelizadoras.

A Igreja se organiza para acolher os fiéis e para obedecer ao mandato de Jesus.

✾ Leia Mc 16,15 e escreva qual foi este mandato.
_____
_____

É Jesus quem reúne e compromete os cristãos a viverem a fé que receberam no Batismo, organizando-se para continuar a anunciar a Boa-nova do Reino.

ATIVIDADES

1. Na Igreja todos são chamados a servir e existem várias maneiras de se doar, de servir a comunidade. Escreva, sob a orientação do seu catequista, o que cada um faz:

   ✶ Papa:
   _____
   _____

   ✶ Bispo:
   _____
   _____

   ✶ Padre:
   _____
   _____

   ✶ Diácono:
   _____
   _____

2. Complete as frases organizando as letras e pesquisando:

   ✶ O _____(apap) é o representante de Cristo na terra, e os _____ (sopsib) são os sucessores dos _____ _____(solotsópa).

   ✶ O nosso atual papa se chama _____ e o bispo se chama _____.

   ✶ _____(ovoP ed sueD) é toda pessoa batizada que faz parte da Igreja.

25

3. Com a orientação do seu catequista faça uma pesquisa sobre a Igreja a que você pertence, reunindo os dados da arquidiocese ou diocese na qual ela está inserida. Depois partilhe o que aprendeu com os colegas. Vale pedir ajuda à sua família e ilustrar.

- Nome da arquidiocese.
- Nome da diocese e quantas paróquias possui.
- Nome da paróquia e sua história.
- Nome das capelas que pertencem a sua paróquia.

O ENCONTRO EM ORAÇÃO

Roguemos a Deus, nosso Pai, pelos bispos e pelos párocos do mundo inteiro, pelas igrejas particulares e paróquias a que presidem e pelos fiéis que com eles trabalham mais de perto, professando a nossa fé, rezando: *Creio em Deus...*

Encerrar este momento cantando: *Agora é tempo de ser Igreja.*

 PARTILHANDO COM A FAMÍLIA

Conte a sua família tudo o que aprendeu e peça que o(a) ajude a completar a atividade 3, reunindo informações e curiosidades.

5

NOSSA COMUNIDADE: FAMÍLIA DE DEUS!

Todos os cristãos sempre buscaram se reunir para celebrar a sua fé. A Igreja construída, seja de madeira ou tijolos, é o lugar onde a grande família de Deus se encontra para partilhar a fé, louvando e agradecendo a Deus pela sua permanência no meio de nós. É a casa de Deus e nossa casa.

Faça um desenho de sua paróquia ou comunidade e escreva o nome dela.

Paróquia "é uma comunidade de movimentos que acolhe as angústias e esperanças dos homens, anima e orienta a comunhão, participação e missão. É a família de Deus, como uma fraternidade animada pelo espírito de unidade. É comunidade de fé orgânica na qual o pároco que representa o bispo diocesano é o vínculo hierárquico com toda a Igreja particular" (SD 58).

Na paróquia existem muitos serviços desenvolvidos por pessoas e movimentos, como o Grupo de Jovens, a Pastoral Familiar, a Pastoral da Liturgia, a Pastoral da Acolhida, a Pastoral da Criança... entre outros serviços que os cristãos batizados realizam para organizar, fortalecer a comunidade e ajudar as pessoas a celebrarem a sua fé e a viverem melhor. A paróquia, portanto, "[...] é a família de Deus, uma fraternidade animada pelo espírito de unidade", é uma comunidade de fé.

✾ Vamos ler 1Cor 12,24-27 e dizer aos nossos colegas e catequista o que entendemos dele.

É na paróquia que o cristão vivencia a sua fé, é batizado, frequenta a catequese, participa dos sacramentos (Batismo, Crisma, Eucaristia, e outros) e a cada domingo, dia da ressurreição de Cristo, participa da Celebração Eucarística e se reconhece como membro da família de Deus.

✤ Leia Mt 18,19-20 e escreva neste espaço o que você entendeu.

_____
_____
_____

Deus convida cada um de nós a fazer parte de seu povo, de sua família. A condição para isso é viver segundo os valores do Evangelho, seguindo o Mandamento de amar ao próximo e a Deus, encontrando-se com Ele na oração e na vida de comunidade, especialmente na Eucaristia, crescendo na vivência da fé.

ATIVIDADES

1. Escreva quais são os momentos em que a sua comunidade se reúne para louvar e agradecer a Deus.

_____
_____
_____

2. Com o catequista, escreva no quadro as pastorais existentes na comunidade e alguma palavra que lembre o serviço que essas pastorais realizam.

Nome da pastoral	Serviço

3. Com qual pastoral você mais se identificou? Por quê?
_____
_____

4. Qual é o nome do seu pároco? O que você mais admira nele?
_____

Lembrete: Você sabe que, quando fizer a sua Primeira Eucaristia, estará sendo convidado a participar de alguma pastoral ou serviço na comunidade? Então, comece a pensar em que você gostaria de trabalhar para participar da construção do Reino de Deus.

O ENCONTRO EM ORAÇÃO

Peçamos a Deus, nosso Pai, pelas pessoas de nossa comunidade, dizendo após cada prece:

Todos: *Vinde, Senhor, nos iluminar e fortalecer.*

Pelos fiéis de nossa comunidade paroquial, para que recordem que são eles o templo do Deus vivo.

Pelas famílias da paróquia, para que o Espírito de Deus as torne santas e dedicadas ao serviço do Senhor.

Por todos os catequizandos da paróquia, para que ao receberem sua Primeira Comunhão sintam-se sensibilizados a se engajar em algum serviço da comunidade.

Senhor, nosso Deus, que vos dignastes chamar de Igreja a assembleia do vosso povo, onde quer que se reúna para orar, enviai sobre nós o vosso Espírito, para que Ele nos transforme em uma só família. Por Cristo, Nosso Senhor.

Todos: *Amém.*

PARTILHANDO COM A FAMÍLIA

Mostre à sua família o quadro com os serviços das pastorais e converse sobre elas. Pergunte qual das pastorais eles mais gostaram. Que tal procurar saber mais sobre elas e escolher alguma em que poderão fazer parte? Pensem nisso!

6 DÍZIMO: PARTICIPAÇÃO NA IGREJA!

Dízimo é a devolução a Deus de uma pequena parcela dos nossos bens, em forma de ação de graças, pelo muito que dele recebemos. É aquela parte reservada e consagrada para a manutenção das atividades da Igreja e para ajudar os necessitados. Deus é dono de tudo, por isso reservar a Ele parte dos bens é uma retribuição justa por tudo o que Ele nos tem dado.

Dízimo é:
- Prova de gratidão para com Deus, de quem tudo recebemos.
- Devolução a Deus, por meio da Igreja, de um pouco do muito que Ele nos dá.
- Contribuição para com a comunidade, da qual fazemos parte pelo Batismo.
- Partilha que nasce do amor aos irmãos e irmãs, especialmente em relação aos empobrecidos.

O dízimo expressa a vontade dos cristãos colaborarem com o Projeto Divino. Antigamente os judeus contribuíam com 10% de tudo o que tinham. Por essa razão a palavra dízimo quer dizer a décima parte. Hoje a Igreja não estipula a porcentagem que cada fiel deve devolver a Deus; deixa que cada um decida livremente, de acordo com a própria consciência. Mas todos somos responsáveis pela manutenção da Igreja.

✷ Leia os versículos bíblicos e converse com seu catequista e colegas. Depois escreva uma frase para explicar o que aprenderam com estas leituras.

Gn 28,22
_____
_____
_____
_____

Lc 18,12
_____
_____
_____
_____

Dt 14,22
_____
_____
_____
_____

Hb 7,12
_____
_____
_____
_____

O dinheiro do dízimo é utilizado para as dimensões:

- **Religiosa:** construção e manutenção de templos, materiais litúrgicos usados nas celebrações; taxas de água, luz, telefone; manutenção dos padres, da casa paroquial, da secretaria paroquial, de veículos usados na evangelização etc.

- **Missionária:** repasse para a diocese manter a formação dos futuros padres; apoio às pastorais; realizar as santas missões populares; formação de catequistas, ministros extraordinários da Comunhão Eucarística e da Palavra, como também de outras lideranças leigas.

- **Social:** realizar a promoção humana; ajudar pessoas carentes, doentes, idosas, dependentes químicos etc.; ajudar paróquias mais pobres da diocese e de outras regiões.

✷ O que podemos aprender sobre a partilha com os primeiros cristãos? Para responder, leia e converse com seu catequista e colegas sobre este texto bíblico: At 2,42-45.

Depois se dividam em equipes e elaborem um cartaz com as virtudes dos primeiros cristãos que nós também devemos ter. Lembrem-se de apresentá-lo à turma e deixá-lo exposto, para que todos possam compreender a importância da colaboração de cada um na comunidade.

> Todos fazemos parte da grande família de Deus e precisamos cuidar da igreja, da casa do Pai, ajudando a mantê-la.

ATIVIDADES

1. Como a Pastoral do Dízimo funciona em nossa paróquia?
___
___

2. Existe algum dizimista em sua família?
___
___

3. Leia o versículo bíblico 2Cor 9,7 e reescreva com suas palavras como pode ensinar as pessoas sobre o dízimo, apoiando-se neste versículo.
___
___
___

4. Você, como catequizando, pode ser dizimista? De que modo? Converse com seu catequista e escreva dicas para as crianças de sua comunidade aprenderem a colaborar com o dízimo. Depois divulguem nos murais e site da paróquia.
___
___
___
___
___

 O ENCONTRO EM ORAÇÃO

Vamos ler a Oração do Dízimo, de autoria do Pe. Osvaldino Alves Barbosa, e pensar como fazemos a nossa oferta na missa. Depois reze-a.

Oração do dizimista

Trindade Santa: / Pai, Filho e Espírito Santo, / comunhão de amor, doadora da Vida. / Tudo que somos e temos é dom vosso. / De coração agradecido / levamos ao vosso altar o nosso dízimo /, parte do que nos destes. / para o bem dos pobres e da Igreja. / Recebe, Senhor. / Amém.

 PARTILHANDO COM A FAMÍLIA

Converse com a sua família sobre o dízimo e explique, de maneira criativa, a sua importância!

34

ANO LITÚRGICO

7

Para nos ajudar a celebrar e compreender a sua missão, a Igreja organizou o Ano Litúrgico, relembrando os acontecimentos e fatos da vida, morte e ressurreição de Jesus e, assim, iluminar a vida dos cristãos.

Jesus também celebrava as festas junto de seu povo. Vamos descobrir como? Para isso, formar três grupos. Cada um lerá um texto bíblico e depois contará para toda a turma.

- Grupo 1: Lc 2,41-52.
- Grupo 2: Lc 4,16-24.
- Grupo 3: Lc 22,1.

O Ano Litúrgico está dividido por tempos, da seguinte forma:

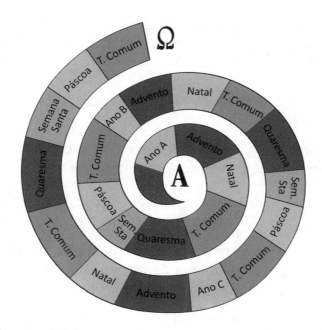

Tempo do Advento: inicia-se quatro semanas antes do Natal, para nos prepararmos à sua celebração. É o tempo de espera pelo nascimento de Jesus.

Tempo do Natal: tem início no dia 24 de dezembro. É vivido durante 3 semanas até o Batismo de Jesus.

Tempo da Quaresma: inicia-se na Quarta-feira de Cinzas. É o tempo em que, a exemplo de Jesus, devemos refletir, rezar e também buscar a nossa reconciliação com Deus e os irmãos.

Tempo Pascal: tem seu início no Domingo da Páscoa e vai até Pentecostes. Nesse tempo celebramos a presença de Jesus ressuscitado em nosso meio e os momentos de sua aparição.

Tempo Comum: acontece em dois momentos:

- O primeiro inicia após o Batismo de Jesus e termina na terça-feira antes da Quarta-feira de Cinzas.
- O segundo momento deste Tempo inicia após o Domingo de Pentecostes e tem a duração de trinta e quatro semanas, até o Advento. Os evangelhos do Tempo Comum nos ensinam fatos da vida de Jesus: obras, gestos, milagres e mensagens.

O Ano Litúrgico é organizado em três ciclos:

Ano A: apresenta os textos do Evangelho de São Mateus.	**Ano B:** apresenta as leituras do Evangelho de São Marcos.	**Ano C:** apresenta as leituras do Evangelho de São Lucas.

O Evangelho de João é proclamado em algumas solenidades e domingos do Ano B.

Durante o Ano Litúrgico, para melhor celebrá-lo, usam-se cores que se distinguem pelo Tempo, de acordo com seu significado.

As cores do Ano Litúrgico são:

- **Branca:** usada na Páscoa, no Natal, nas festas de Cristo, de Nossa Senhora e dos santos.
- **Vermelha:** usada na Festa de Pentecostes, na Sexta-feira Santa, no Domingo de Ramos e nas celebrações dos mártires.
- **Verde:** usada nos domingos e dias de semana do Tempo Comum.
- **Roxa:** usada no Tempo do Advento e da Quaresma.

O Ano Litúrgico nos ajuda a fazer memória da História da Salvação e caminhar em unidade com toda a Igreja.

 **ATIVIDADES**

Agora que você conhece a divisão do Ano Litúrgico escolha um dos tempos e faça um desenho para representar o que acontece nele. Lembre-se de colocar o título e o nome do Tempo Litúrgico.

 O ENCONTRO EM ORAÇÃO

Assim como Jesus também celebrava as festas junto de seu povo, que possamos participar da liturgia expressando nossa fé em Deus.

O Ano Litúrgico nos ajuda a fazer memória da História da Salvação. Façamos a nossa profissão de fé, rezando o Credo.

 PARTILHANDO COM A FAMÍLIA

Mostre à sua família como é estruturada a liturgia e façam um propósito de participarem juntos das celebrações, todos os domingos.

8 — TEMPO DO ADVENTO

No domingo seguinte à Festa de Cristo Rei começa o Advento. Esse é o tempo cristão mais apropriado para se preparar para o Natal, para a chegada do Menino Deus. É um tempo que nos faz recordar o povo que vivia na terra de Jesus antes de seu nascimento e também se preparava para o Natal, esperando o Messias.

Neste tempo cada um é convidado a viver o amor e a fraternidade na família, na comunidade, na sociedade. Esse acontecimento se renova e dá novo significado à vida do cristão, pois é um tempo para avaliar a maneira de ser e agir, de preparar-se com esperança para a chegada de Jesus, que renasce em nossa vida, em nosso coração.

As leituras bíblicas do Tempo do Advento, nas celebrações eucarísticas, convidam-nos a ficar sempre alertas. Veja:

- "Cuidado, vigiai" (Mt 24,42);
- "Ele está perto" (Mt 3,2);
- "Preparai o caminho do Senhor" (Mt 3,3).

Converse com seu catequista e colegas sobre o que os textos bíblicos querem dizer e escreva as suas conclusões.

_____
_____
_____
_____

No Tempo do Advento as pessoas expressam a sua espera pelo Menino Deus enfeitando suas casas e participando das celebrações na comunidade, como sinal de que estão esperando o Senhor em suas vidas.

 **ATIVIDADES**

1. Responda às perguntas abaixo e complete a cruzadinha.
   * 1 - No dia 25 de dezembro comemoramos o _____
   * 2 - Cidade onde nasceu Jesus _____
   * 3 - Nome da mãe de Jesus _____
   * 4 - Nome do pai adotivo de Jesus _____
   * 5 - O Menino Jesus recebeu a visita dos Reis _____
   * 6 - Os Reis Magos foram guiados até Belém por uma _____

2. Escreva o que entendeu sobre o Tempo do Advento.
   _____
   _____
   _____
   _____

 O ENCONTRO EM ORAÇÃO

No Tempo do Advento fazemos memória da espera do nascimento de Jesus em Belém. Peçamos a Deus, por intercessão de Maria, que nossos corações sejam como a manjedoura: simples, humilde e acolhedora.

Rezemos uma Ave-Maria.

 PARTILHANDO COM A FAMÍLIA

No Advento somos convidados a realizar gestos concretos de conversão que sejam transformadores, seja para a nossa família, comunidade ou sociedade. Reflitam juntos sobre o que vocês podem fazer no Tempo do Advento para transformar uma situação de vida que identificarem.

9 TEMPO DO NATAL

O Tempo do Natal tem início no dia 24 de dezembro. Nele celebramos e revivemos os acontecimentos a respeito do nascimento de Jesus, o Filho de Deus.

🕊 Leia Jo 1,1-14. Converse com seu catequista e colegas sobre este texto. Depois escreva no espaço indicado os seguintes versículos:

• Jo 1,1

_____
_____
_____
_____

• Jo 1,14

_____
_____
_____
_____

Jesus nasceu para acolher a todos sem distinção, abençoar e libertar as pessoas de seus sofrimentos. O Natal é um convite para acolher os irmãos, partilhar a vida, o tempo, o carinho e também realizar atitudes concretas, ajudando alguém que precisa. É o tempo para refletir se nossas atitudes contribuem para sermos e fazermos alguém feliz.

No Tempo do Natal a cidade, as casas, as igrejas são enfeitadas para acolher Jesus. Os enfeites representam o nosso coração aberto para partilhar a alegria do Natal. Os símbolos que representam o Natal são:

A coroa ou guirlanda do Advento: é o primeiro anúncio do Natal; começa a aparecer no início do Advento. A coroa é uma guirlanda verde, sinal de esperança e vida, enfeitada com uma fita vermelha que simboliza o amor de Deus que nos envolve, e a manifestação de nosso amor e espera pelo nascimento do Filho de Deus. Nas igrejas, a coroa do Advento é colocada quatro domingos antes do Natal, simbolizados por quatro velas, acendidas à medida em que vão passando os domingos, até chegar ao 4º domingo, quando todas devem estar acesas. As velas acesas simbolizam nossa fé, nossa alegria pelo Deus que vem.

40

Árvore de Natal: é o símbolo da vida. Por isso nós a enfeitamos para receber a Verdadeira Vida: Cristo.

Presépio: ajuda a reconhecer os ensinamentos de Jesus para uma vida cristã: simplicidade, humildade, fé, docilidade.

Estrela de Natal: na boa-nova do nascimento de Jesus, uma estrela apareceu no céu e guiou os magos desde o Oriente até Belém. As quatro pontas da estrela representam as quatro direções da terra (Norte, Sul, Leste e Oeste), de onde vêm os homens para adorar a Grande Luz, que é o Filho de Deus. Cristo é nossa estrela que aponta o caminho de nossa vida, e quanto mais nos aproximarmos da sua luz, mais seremos luz e estrela, guiando outros ao encontro do Senhor.

Sinos: alguns acontecimentos são anunciados com o toque festivo dos sinos. Por isso, eles são sinal de anúncio e de alegria. No Natal, o toque dos sinos expressa felicidade pelo fato de o Filho de Deus se fazer homem e estar entre nós, e queremos comunicar a todos essa alegria. Queremos que a mensagem do nascimento de Jesus, para a libertação dos homens, seja anunciada a todos.

Bolas coloridas que adornam a árvore de Natal: representam os frutos, as boas ações daqueles que vivem de acordo com os ensinamentos de Jesus, como o amor, o perdão, a verdade, a oração, a fé, a esperança... As bolas representam os dons maravilhosos que o nascimento de Jesus nos trouxe.

As velas: simbolizam a presença de Cristo como luz do mundo. Acendendo velas no Natal queremos representar a nossa fé em Jesus e lhe dizer que também nós seremos luz para os nossos irmãos, procurando viver como Ele viveu.

Presentes de Natal: simbolizam o presente que a humanidade ganhou de Deus: o seu Filho Jesus. Representam nossa retribuição com gestos de amor que contribuam para a dignidade do próximo, como sinal de nossa doação para a felicidade do irmão.

No Natal, Jesus é o presente maior. Ele é a luz que ilumina a vida do cristão com a mensagem do amor de Deus dirigida à humanidade.

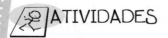
ATIVIDADES

1. Cada catequizando é convidado a contribuir para fazer um presépio. Para isso cada um deverá trazer de casa algo para colocar no presépio. E, ao colocar o que trouxe, deverá falar o motivo e importância do que escolheu para trazer.

2. Escolha um dos símbolos e faça um acróstico. Para isso, escreva o nome do símbolo e, para cada uma das letras, escreva palavras ou frases que expliquem sua importância para celebrar o Natal.

O ENCONTRO EM ORAÇÃO

Deus quis se fazer humano para que, sendo igual, o ser humano o reconhecesse. Jesus esteve no meio de nós e devolveu a muitos a dignidade e a muitos converteu. Nasceu humilde em um presépio para nos ensinar a viver na humildade. Fez-se pobre para nos mostrar que não podemos nos apegar às coisas materiais.

Vamos dizer espontaneamente, em forma de oração de agradecimento, o que aprendemos com Jesus em nossa catequese. Após cada prece repitamos:

Todos: *Senhor, obrigado(a) por querer ser um de nós e me ensinar.*

Canto à escolha.

 PARTILHANDO COM A FAMÍLIA

Estar no presépio significa acolher o outro sem se importar com quem ele é. Natal é partilha, seja de coisas materiais, do tempo, da atenção, do carinho. Pensem como viverão um Natal realmente cristão. Que gestos concretos poderão realizar como compromisso de amor de sua família por Jesus?

10 QUARESMA: TEMPO FAVORÁVEL À CONVERSÃO

A Quaresma tem início na Quarta-feira de Cinzas. Neste tempo a Igreja nos convida a refletir e a purificar a nossa vida, por meio da oração e do jejum, analisando o modo como conduzimos a nossa vida e as nossas atitudes. A Igreja, ainda, ajuda-nos a refletir como é possível tirar do nosso coração os sentimentos que são contrários à vida em comunhão.

No início da Quaresma a Igreja nos convida à penitência, dizendo: "Convertei-vos e crede no Evangelho" (Mc 1,15). As cinzas que recebemos na celebração é um gesto que nos ajuda a lembrar da necessidade de fazer penitência pelos pecados que trazem a morte, a violência e a falta de amor no mundo. Neste tempo quaresmal devemos nos unir aos sofrimentos e à morte de Cristo para, alegremente, ressuscitarmos com Ele para uma *vida nova*, na Páscoa.

Na Quaresma o cristão é convidado a caminhar com Jesus, percorrendo com Ele a experiência de sua paixão, morte e ressurreição. Neste sentido, todos os momentos celebrativos da Quaresma, como via-sacra, celebração da penitência, vigília e motivação para a coleta no ofertório, incentivam o cristão a realizar a experiência de Deus e a fraternidade com os irmãos, partilhando as alegrias, a atenção, o carinho e também os bens materiais, pois não existe fraternidade sem gestos concretos.

Neste tempo a Igreja propõe a Campanha da Fraternidade para refletir um tema sobre o desenvolvimento da vida em sociedade. A Campanha da Fraternidade tem a finalidade de levar a Boa-nova de Jesus Cristo, mobilizando as pessoas em diferentes lugares a refletirem sobre o seu compromisso de cristão diante do tema, assumindo o Projeto de Jesus.

✾ Leia o versículo bíblico e o escreva no espaço a seguir:

◉ Hb 10,24:

_____
_____
_____

A Quaresma é tempo de:
- Crescer mais na fé e no amor a Deus.
- Viver mais a fraternidade.
- Rezar mais e melhor.
- Privar-se de alguma coisa.
- Voltar-se para Deus por meio de uma santa Confissão e Comunhão.
- Preparar nosso coração para a Páscoa do Senhor e a nossa Páscoa.

Vamos viver intensamente este tempo, pois assim a Páscoa terá muito mais sentido para nós e experimentaremos a alegria de sermos pessoas renovadas em Cristo ressuscitado.

ATIVIDADES

1. A Quaresma é um tempo de penitência e conversão. Escreva palavras que expressem como se pode buscar mais a proximidade:

   * Com Deus:
   _____
   _____

   * Com os irmãos:
   _____
   _____

   * Com a natureza:
   _____
   _____

   * Consigo mesmo:
   _____
   _____

2. Quaresma é um tempo de tirar do nosso coração todos os sentimentos contrários ao amor, à justiça, à paz. Escreva a Jesus sobre o que você gostaria de tirar do seu coração para melhor celebrar a Páscoa.
   _____
   _____
   _____
   _____

3. Com a ajuda do seu catequista escreva o tema e o lema da Campanha da Fraternidade deste ano. Depois explique por que este tema foi escolhido?
   _____
   _____
   _____
   _____
   _____
   _____
   _____
   _____

4. Em sua opinião, qual seria um tema importante a ser tratado na Campanha da Fraternidade? Por quê?

_____
_____
_____

 O ENCONTRO EM ORAÇÃO

A Quaresma é um tempo de conversão e de purificação. O que gostaríamos de tirar do nosso coração para estarmos mais próximos de Jesus?

Façamos a nossa oração pedindo ao Senhor que nos ajude a purificar nossos pensamentos e atitudes. A cada prece repete-se:

Todos: *Renova meus pensamentos e atitudes para estar mais próximo de ti, ó Senhor!*

Senhor, desperte o espírito comunitário e cristão no teu povo, na busca do bem comum.

Senhor, inspire-nos a viver em fraternidade, no amor e na justiça.

Senhor, renove a consciência da reponsabilidade de todos em prol da promoção humana, visando uma sociedade justa e solidária.

Deus Pai, todo-poderoso, concedei-nos o que vos pedimos com fé e humildade. Por Jesus Cristo, Nosso Senhor.

Todos: *Amém.*

Canto à escolha.

 PARTILHANDO COM A FAMÍLIA

Conte sobre o encontro e combinem o que farão para vivenciar a Quaresma e contribuir com a Campanha da Fraternidade. Procurem participar das celebrações da sua comunidade.

11 A FESTA DE *CORPUS CHRISTI*!

Celebra-se na Igreja a solenidade de *Corpus Christi*. É uma expressão que se originou do latim e significa Corpo de Cristo. É a festa da Eucaristia, que simboliza a partilha que todos os cristãos devem fazer no seu cotidiano.

✣ Leia este texto bíblico: Lc 9,11b-17.

Agora responda: O que o texto diz?

_____
✣ _____
◎ _____
❀ _____

Há uma antiga tradição em muitas cidades brasileiras de enfeitar as casas ou as ruas com flores, serragem tingida e outros elementos, formando um tapete por onde o padre caminha levando a Hóstia Consagrada dentro de um objeto chamado ostensório. O povo segue em procissão, junto com o padre, rezando e cantando hinos de louvor, testemunhando que Jesus se faz presente na Eucaristia.

Com esta festa recordamos que na Quinta-feira Santa, na Última Ceia, Jesus instituiu a Eucaristia. Por este motivo celebramos *Corpus Christi* numa quinta-feira, para não esquecermos que Jesus se faz presente no meio de nós em forma de alimento.

Vale lembrar: aquele que recebe o Corpo de Cristo está fortalecendo sua vida e sua fé para ser capaz de viver tudo aquilo que Ele nos ensinou, a começar pelo amor a Deus e ao próximo.

ATIVIDADES

1. Por que levamos Jesus na Hóstia Consagrada em procissão?
___
___

2. Complete as frases:
   * *Corpus Christi* significa
   ___

   * O que significa a Eucaristia?
   ___

   * Qual é a relação desta festa com a Última Ceia?
   ___

3. Você já participou da Festa de *Corpus Christi* na sua cidade? Conte como foi. Depois desenhe-a e mostre a seus colegas e catequista.
___
___
___
___

4. Combine com seu grupo de catequese para, juntos, participarem da Festa de *Corpus Christi*:

> Data: _____/_____/_____
> Horário: _____
> Local: _____

 O ENCONTRO EM ORAÇÃO

Na Solenidade do Corpo de Cristo celebra-se a presença real de Cristo na Eucaristia. Jesus Cristo se dá em cada Eucaristia celebrada com amor.

Vamos fazer um momento de silêncio e pensar com carinho na atitude de Jesus, que se doou por amor a todos nós. (Pode ser colocada uma música instrumental.)

Estamos nos preparando para receber Jesus vivo e ressuscitado na Eucaristia. Agradeça a Jesus por querer permanecer conosco, rezando espontaneamente. Após cada oração repetir:

Todos: *Obrigado(a), Senhor Jesus, por estar sempre presente neste mistério de amor.*

Canto à escolha.

 PARTILHANDO COM A FAMÍLIA

Converse com sua família sobre o encontro de hoje e convide-a para visitar o Santíssimo Sacramento, que nos ensina a estar em serviço.

VOCAÇÃO: CHAMADO DE DEUS!

12

Vocação é um chamado que recebemos de Deus para colocarmos os nossos dons, as nossas habilidades, a nossa vida a serviço da sociedade e da comunidade de fé, para beneficiar a vida das pessoas.

Assim, ao assumir as diferentes profissões, cada pessoa vive a sua vocação, respondendo ao chamado que Deus lhe fez, contribuindo com seu trabalho para o bem de todos.

Existem chamados específicos a serem vividos na comunidade de fé que Deus faz às pessoas, para estarem a serviço do anúncio do seu Reino. Esses chamados são celebrados no mês de agosto. São as vocações especiais dos ministros ordenados: bispos, padres e diáconos; da família; da vida consagrada: religiosas, religiosos; leigas e leigos consagrados e ministros não ordenados: todos os cristãos leigos e leigas.

E você, com sua idade, como pode fazer um trabalho na vocação a que Deus o chamou?

É fácil! Sejam:

- Obedientes e bons filhos, respeitando e ajudando seus pais, irmãos e avós.
- Alunos aplicados e dedicados aos estudos, respeitando professores e colegas, as normas da escola.
- Bons cristãos, participando das atividades de sua comunidade, das celebrações, sendo solidários, e ajudando os mais necessitados.
- Cuidadosos, ajudando a conservar limpos os locais onde frequentam.
- Gentis e educados com as pessoas.

Isso, na verdade, é ser santo e missionário; que é a primeira vocação de todo cristão pelo Batismo: "Sede perfeitos [santos] como é perfeito o vosso Pai que está nos céus" (Mt 5,48).

Quando respondemos ao chamado de Deus estamos colaborando para a construção do Reino. Foi Jesus quem chamou os primeiros colaboradores.

❦ Veja na sua Bíblia estes versículos: Lc 5,10 e Lc 5,27-28.

Você já pensou como essas pessoas tiveram coragem para deixar tudo e seguir Jesus?

 Também é assim nos dias de hoje. Existem pessoas que trabalham, estudam e encontram tempo e coragem para responder à sua vocação de filhos(as) de Deus, colocando seus dons a serviço do Reino de Deus, em benefício do seu povo, nossos irmãos.

ATIVIDADES

1. Vocação é chamado, e para dar resposta é necessário ouvir e perceber o que Deus nos fala por meio das pessoas, dos acontecimentos. Que tal lerem o chamado de Samuel em 1Sm 3,1-10 e dramatizarem?

   Depois conversem sobre:

   ✯ Quando nos chamam, entendemos e respondemos prontamente?

   ✯ Existem pessoas ao nosso redor que procuram nos ajudar a entender os fatos que ocorrem conosco, tal como Eli fez com Samuel? Como agimos com os que nos orientam?

   ✯ O que podemos fazer para reconhecer os chamados de Deus em nossa vida?

2. Pesquise em sua comunidade o que fazem as pessoas que vivem as vocações de:
   - ministros ordenados (bispos, padres e diáconos);
   - família;
   - vida consagrada: religiosas, religiosos, leigas e leigos consagrados;
   - ministros não ordenados: todos os cristãos leigos e leigas.

   _____
   _____
   _____
   _____
   _____
   _____
   _____
   _____
   _____
   _____
   _____
   _____
   _____
   _____

3. A missão do catequista é levar as pessoas à experiência do amor de Deus e, assim, sentirem-se atraídas pelo seguimento a Jesus. Entreviste o seu catequista, fazendo perguntas sobre o seu chamado e sua missão.

   _____
   _____
   _____
   _____
   _____
   _____
   _____
   _____
   _____

4. Procure no caça-palavras os valores necessários para viver a vocação que Deus nos chama.

S	Y	R	F	V	G	T	Y	U	I	O	P
O	P	N	B	V	C	X	Z	A	W	Q	L
L	A	B	O	N	D	A	D	E	V	C	D
I	R	R	E	Q	W	S	V	B	N	M	L
D	T	Ç	T	R	A	B	A	L	H	O	Y
A	I	T	G	E	N	T	I	L	E	Z	A
R	C	W	D	S	E	R	F	G	C	Q	I
I	I	Q	S	P	D	F	H	Q	U	E	O
E	P	A	T	E	N	Ç	Ã	O	I	R	K
D	A	J	U	I	J	K	M	N	D	F	L
A	Ç	U	H	T	E	R	T	G	A	V	J
D	Ã	D	N	O	E	R	F	D	D	B	H
E	O	A	S	E	R	V	I	Ç	O	D	G
W	O	B	E	D	I	Ê	N	C	I	A	N

_____
_____
_____
_____
_____
_____
_____
_____
_____
_____
_____
_____
_____
_____

 O ENCONTRO EM ORAÇÃO

 Rezemos juntos

Senhor da messe e pastor do rebanho, faz ressoar em nossos ouvidos teu forte e suave convite: "Vem e segue-me". Derrama sobre nós o teu Espírito, que Ele nos dê sabedoria para ver o caminho e generosidade para seguir tua voz.

Senhor, sustenta a fidelidade de nossos bispos, padres, consagrados e leigos. Dá perseverança aos nossos seminaristas e vocacionados.

Senhor da messe e pastor do rebanho, chama-nos para o serviço do teu povo. Maria, mãe da Igreja, modelo dos seguidores do Evangelho, ajuda-nos a responder sim. Amém.

 PARTILHANDO COM A FAMÍLIA

Converse sobre o mês vocacional. A família é um "dos tesouros mais importantes" e "patrimônio da humanidade" (DAp, 432). A família é a Igreja Doméstica em que o amor de Deus deve acontecer. Como uma família pode, nos dias de hoje, testemunhar os valores cristãos? Como, em sua casa, vocês vivem a vocação de ser família?

54

SOMOS MISSIONÁRIOS

13

"Somos todos missionários", anuncia a Igreja. O Mês Missionário convida os cristãos a vivenciarem este anúncio, pois o sentido da vida cristã está em anunciar o Evangelho. Todo aquele que recebeu a notícia da Boa-nova, do amor de Deus, é chamado a levá-la adiante.

O mês de outubro é, para a Igreja Católica em todo o mundo, o período no qual são realizadas as iniciativas de informação, formação, animação e cooperação em prol da missão universal da Igreja. Os objetivos são:

- Promover e despertar a consciência e a vida missionária cristã, as vocações missionárias.
- Promover uma coleta mundial para as missões, para o sustento de atividades de promoção humana e evangelização nos cinco continentes, sobretudo em países onde os cristãos ainda são minoria e as necessidades materiais são mais urgentes.

✤ Leia Mc 16,9-20 e escreva o versículo no qual Jesus ordena que se realize a evangelização, que a Boa-nova seja contada aos povos.

Converse com seu catequista e colegas. Depois registre:

✴ O que o texto diz?
_____
_____

✴ Em que o texto me faz pensar?
_____
_____

✴ Que resposta posso dar ao que o texto diz?
_____
_____

Ser missionário é anunciar que Deus é amor, é levar a Boa-nova aos ambientes e lugares nos quais Jesus não é conhecido. Podemos ser missionários em outros países ou cidades, como também em nossa própria cidade, escola, família ou grupo de amigos, nos quais as pessoas não ouviram falar de Jesus ou não compreenderam a sua mensagem.

> Somos discípulos missionários conclamados a viver a fraternidade, a acolher a Palavra, a celebrar os sacramentos e a sair em missão, no testemunho, na solidariedade e no claro anúncio da pessoa e da mensagem de Jesus Cristo (DGA 13).

ATIVIDADES

1. Faça uma pesquisa sobre os temas dos últimos anos do Dia Mundial das Missões e escreva-os neste espaço:

　_____
　_____
　_____
　_____
　_____

2. Você é um missionário, pois é um cristão. Escreva neste espaço o que gostaria de anunciar sobre a Boa-nova.

　_____
　_____
　_____
　_____
　_____

3. Em grupo, preparem um cartaz para explicar à sua comunidade o que é ser missionário de Jesus Cristo. Usem a criatividade e combinem com o catequista para fazer a exposição dos cartazes durante as missas do mês de outubro.

O ENCONTRO EM ORAÇÃO

Senhor Deus, nosso Pai, fazei-nos missionários comprometidos com o anúncio do Evangelho, indo ao encontro de nossos irmãos anunciando a Boa-nova.

Rezemos a oração do Pai-nosso.

PARTILHANDO COM A FAMÍLIA

　　Converse sobre a importância das missões e veja como podem ser missionários, anunciando a Boa-nova.

14

OS SACRAMENTOS: SINAIS DE VIDA!

Todas as pessoas sentem a necessidade de se comunicar. Para que isso aconteça usamos das mais variadas formas, como por exemplo palavras, gestos e símbolos.

Pense em uma situação do seu dia a dia e a represente para os seus colegas. Primeiramente se comunique somente com gestos, depois somente com palavras e, por último, com gestos e palavras.

A partir do que você e seus colegas representaram, conversem e depois registre:

- O que vocês sentiram quando se comunicaram só por gestos? E só por palavras? E quando utilizaram os dois meios juntos?

_____
_____
_____
_____
_____
_____

Agora você é desafiado a pensar no trajeto que faz da sua casa até o local de encontro da catequese. Quais os símbolos que vê no caminho? Uma dica: Tem placas? O que elas significam?

- Pense em outros tipos de símbolo que comunicam uma mensagem, uma informação... e conte aos seus colegas. Vamos ver se eles adivinham o que o desenho/logomarca quer dizer.

Jesus também se comunicava com as pessoas por meio de gestos e sinais ao demonstrar seu amor e amizade, como quando abraçou as crianças (Lc 18,15). Jesus é a fonte de todos os sacramentos. Ele nos deixou os sacramentos como sinais que revelam o seu amor por nós e comunicam a graça divina em nossas vidas. Sacramentos são sinais que Deus usa para se comunicar conosco.

Os sacramentos que a Igreja nos apresenta são sete. Cada um deles é um canal da ação divina que se realiza em momentos importantes de nossas vidas.

Procure a citação na sua Bíblia e escreva o que cada uma diz sobre o sacramento.

Sacramentos da iniciação cristã: Batismo, Crisma e Eucaristia

- Mt 28,19:
  _____
  _____
  _____
  _____

- At 8,17:
  _____
  _____
  _____
  _____

- Lc 22,15-20:
  _____
  _____
  _____
  _____

Sacramentos da cura: Reconciliação e Unção dos Enfermos

- Jo 20,23:
  _____
  _____
  _____
  _____
  _____

- Tg 5,14:
  _____
  _____
  _____
  _____

Sacramentos do serviço: Ordem e Matrimônio

- 2Tm 1,6:
  _____
  _____
  _____
  _____
  _____
  _____
  _____

- Mc 10,7-9:
  _____
  _____
  _____

ATIVIDADES

1. Quais sacramentos você já recebeu?
   _____
   _____

2. Decifre para saber mais sobre os sacramentos, completando as frases.

A	B	C	D	E	F	G	H	I	J

K	L	M	N	O	P	Q	R	S	T

U	V	X	W	Y	Z	Ç	Ã	Ú

✴ O Batismo nos torna _____ do céu, filhos de Deus.

✴ A Crisma nos dá a força espiritual para viver e _____

sa fé como _____ da Igreja.

* A Eucaristia é a refeição dos amigos de Jesus, que _____ para amar, _____ e criar _____ na comunidade.

* O Matrimônio é a aliança de amor e _____ entre um homem e uma mulher que desejam viver _____ de Deus.

* Ordem é o _____ de fidelidade com Cristo e com a Igreja que os padres assumem para _____ a comunidade e _____ o Evangelho.

* _____ é o perdão dos nossos pecados, que nos afastam de Deus e dos irmãos. Ela nos dá a _____ de voltar a viver na _____ divina.

* Unção dos Enfermos é para nos _____ nos momentos difíceis em que a _____ está frágil ou nos momentos próximos à nossa _____.

O ENCONTRO EM ORAÇÃO

Jesus nos deixou os sacramentos como sinais que mostram seu amor por nós. Eles são sinais que Deus usa para se comunicar conosco.

Faça uma oração, agradecendo a Deus por Ele estar sempre presente em todas as etapas de nossa vida.

PARTILHANDO COM A FAMÍLIA

Converse sobre o que aprendeu no encontro. Pergunte a seus familiares quais os sacramentos que eles receberam. Questione sua família se é suficiente receber os sacramentos para ser um bom cristão?

15 OS SACRAMENTOS DA INICIAÇÃO CRISTÃ

Pelos sacramentos da iniciação cristã (Batismo, Crisma e Eucaristia) são lançados os fundamentos de toda vida cristã. A participação na natureza divina, que os seres humanos recebem como dom mediante a graça de Cristo, pode ser comparada ao desenvolvimento e à conservação da vida natural. Os fiéis, de fato, renascidos no Batismo, são fortalecidos pelo Sacramento da Confirmação e nutridos com o alimento da vida eterna na Eucaristia (cf. CIC 1212).

Batismo

Vamos fazer memória sobre o nosso Batismo.
Certamente alguém da sua família já deve ter lhe falado sobre o dia do seu Batismo; assim como você já deve ter visto as fotos ou filmagens dessa data.

Complete os espaços indicados com as informações que são pedidas. Aquelas que não souber deixe para terminar em casa com a ajuda dos seus familiares.

O dia do meu Batismo:
_____

Os nomes dos meus padrinhos:
_____
_____
_____

O nome do padre ou diácono que celebrou o meu batizado:
_____

O nome da Igreja onde fui batizado:
_____

Pessoas da minha família estavam presentes? Quem?
_____
_____

Vamos conversar com os colegas sobre o nosso Batismo? Vamos conhecer sua história também?

✣ Leia o texto bíblico e depois reflita com seus colegas e catequista.
- Jo 3,1-21:

_____

_____

_____

- O que Jesus explica a Nicodemos?
- O que Jesus quis dizer com "nascer de novo"? Qual a relação desse nascer de novo com o Sacramento do Batismo?

Pelo Batismo participamos da vida nova em Cristo. É o grande sinal de que Deus nos reconhece como seus filhos e cuida de nós. O Batismo é a entrada para a vida comunitária. O início da caminhada na comunidade de Jesus Cristo, a Igreja.

Crisma ou Confirmação

A Crisma ou Confirmação é o sacramento que nos une à Igreja por uma ação e graça especial do Espírito Santo. Após recebermos esse sacramento nos encontramos prontos para ser verdadeiras testemunhas de Jesus Cristo no mundo. O Espírito Santo age mais plenamente na vida daquele que é crismado, derrama seus dons, une mais a Jesus Cristo e lhe dá forças para viver sua fé, levando-os a assumirem seu compromisso cristão de comunhão e participação na comunidade.

No Sacramento da Crisma recebemos os dons do Espírito Santo: **Sabedoria, Entendimento, Conselho, Fortaleza, Piedade, Ciência e Temor de Deus**. Eles são dons que nos aproximam de nossa vocação: a santidade.

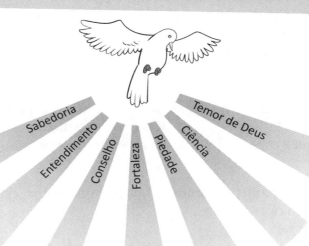

Voltemos ao nosso segundo encontro e façamos juntos a leitura para recordar o que significa cada um desses dons.

- Leia o texto bíblico de At 8,14-17 e converse com seu catequista e colegas.
    - O que lhe chamou atenção neste texto?
    - Que gestos você identifica no texto que acontece na celebração da Crisma?
    - O que receberam aqueles que haviam sido batizados?

 O Espírito Santo é portador do amor de Deus. Na Crisma, ao receber o Espírito Santo, o cristão fica pleno do amor de Deus e se fortalece no compromisso com a Igreja para defender e anunciar a fé.

Eucaristia

A Eucaristia é o coração e o ápice da vida da Igreja, porque é ação de graças a Deus (CIC 2637).

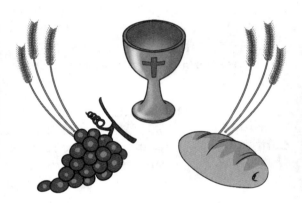

- Leia a citação bíblica de Lc 22,19 e a transcreva:

_____
_____
_____

- O que essas palavras de Jesus me dizem?
- O gesto de partir o pão que Jesus realizou significa o que para nós que estamos nos preparando para receber a Eucaristia?
- Medite e reze sobre a importância do gesto de amor-doação de Jesus.

 A Eucaristia é o sacramento instituído por Jesus Cristo que nos fortalece em seu seguimento, pois é Ele mesmo o pão que nos alimenta para crescermos na fé e na unidade em comunidade.

Nos próximos encontros vamos conhecer mais sobre este sacramento tão importante em nossas vidas.

ATIVIDADES

1. Com a orientação de seu catequista, pesquise e responda:

   ✹ Como em todos os sacramentos, o Batismo também tem símbolos e sinais. Quais são eles?
   _____
   _____
   _____
   _____
   _____

2. Quais são os símbolos e sinais do Sacramento da Crisma?
   _____
   _____
   _____
   _____
   _____

O ENCONTRO EM ORAÇÃO

Escreva uma oração bem bonita e depois reze-a para os seus colegas e catequista. Esta oração deve conter as seguintes palavras: Batismo – Compromisso – Crisma – Comunidade – Eucaristia – Amor – Fé – Unidade.

_____
_____
_____
_____
_____
_____
_____
_____

PARTILHANDO COM A FAMÍLIA

Converse sobre o que aprendeu no encontro. Mostre o que escreveu sobre o seu Batismo e conversem sobre ele. Diga o que aprendeu sobre o Sacramento da Confirmação e que irá conhecer muito mais sobre o Sacramento da Eucaristia.

16 A EUCARISTIA: PÃO DA VIDA, PÃO REPARTIDO!

Jesus, antes de morrer, reuniu seus discípulos para, juntos, fazerem uma ceia. Você conhece o quadro que representa a Santa Ceia?

Observe o desenho e depois pinte-o.

🍇 Na Última Ceia Jesus instituiu o Sacramento da Eucaristia. Leia o texto bíblico de Lc 22,14-20 e escreva os versículos:

◉ Lc 22,19:
_____
_____

◉ Lc 22,20:
_____
_____

Comente com seus colegas e catequista:
- Em que momento da missa nós ouvimos o padre dizer estas palavras?

Jesus nos ensinou que, ao repetirmos seus gestos e suas palavras, Ele estaria presente. A Eucaristia é um memorial no qual recordamos que Jesus morreu e ressuscitou e celebramos a sua presença junto de nós. É muito importante que participemos da missa, pois nela entramos em unidade com o Senhor e com os irmãos ao participarmos da Eucaristia. Nesta, partilhamos o amor e vivemos em comunhão fraterna.

ATIVIDADES

1. Complete a cruzadinha:

1. Sacramento que Jesus instituiu na Santa Ceia _____

2. _____ reuniu os discípulos para a Santa Ceia e instituiu o Sacramento da Eucaristia.

1.		C								
	2.		E							
3.			I							
		4.	A							
		5.		I						
		6.		M						

3. Jesus nos ensinou que, ao repetir os seus gestos e palavras, Ele estaria presente. A Eucaristia é um _____

4. Amigos de Jesus, que estavam presentes na Santa Ceia _____

5. É importante participarmos da missa porque entramos em_____ _____ com o Senhor e com os irmãos.

6. Pela Eucaristia partilhamos o amor e vivemos em_____ fraterna.

67

2. Jesus instituiu o Sacramento da Eucaristia. Em cada missa se repete o gesto de Jesus e Ele se torna presente. Faça um desenho do momento em que se faz o memorial, para mostrar como acontece na missa.

O ENCONTRO EM ORAÇÃO

Jesus quis permanecer conosco, é o Pão Vivo descido do céu que fortalece a vida e aquece o coração. Façamos uma oração agradecendo a Jesus por sua presença na Eucaristia.

_____
_____
_____
_____

Leiamos as nossas orações. (espontaneamente)

Canto à escolha.

PARTILHANDO COM A FAMÍLIA

Conte como Jesus quis permanecer conosco. Fale sobre o memorial da Eucaristia. Explique também a importância da missa para a vida do cristão e o crescimento da comunidade. Conversem como está a participação da família na santa missa e se há algo a ser feito para melhorá-la.

O BANQUETE EUCARÍSTICO!

17

Como é bom estarmos reunidos com a nossa família, nossos amigos... para aquele almoço ou jantar ao redor da mesa. É um momento de festa. É uma celebração. Os primeiros cristãos se reuniam nas casas das famílias, nos dias de domingo, dia da ressurreição de Jesus Cristo, quando se encontravam para rezar, ouvir, meditar os ensinamentos de Jesus e realizar a refeição comunitária, Celebração da Eucaristia, assim como Ele os ensinou.

Hoje os cristãos continuam se reunindo ao redor do altar. Todos querem participar deste momento tão importante e especial: A Celebração da Eucaristia.

"Tomai e comei dele todos vós": a Comunhão
Jesus Cristo nos convida a recebê-lo no Sacramento da Eucaristia.

- Leia Jo 6,51-56 e reflita:
  - O que Jesus diz neste texto?
  - O que eu posso responder a Jesus?

⊚ Reze repetindo o versículo 53 e depois transcreva-o no espaço.

_____
_____
_____
_____

Este alimento sagrado se chama Comunhão, que significa "comum união" com Deus e com os irmãos. É o próprio Jesus que recebemos, Ele que é o Pão da vida. Jesus, presente na Hóstia Consagrada, é o alimento que nos faz crescer na fé e união da comunidade, comprometidos com a vida fraterna.

ATIVIDADES

1. Os primeiros cristãos viviam a experiência da comunhão. Vamos ler At 4,32-35 e conhecer essa experiência. Depois converse com seu catequista e colegas sobre o texto bíblico.

2. A partir da leitura e da conversa, faça um texto contando o que mais chamou sua atenção.

_____
_____
_____
_____

3. Como você explicaria para alguém a frase de Jesus: "Eu sou o Pão da Vida"? Responda desenhando.

O ENCONTRO EM ORAÇÃO

Rezemos, e a cada prece vamos repetir:

Todos: *Obrigado(a), Jesus, por estar conosco plenamente como o Pão da Vida.*

Senhor, obrigado(a) por querer permanecer conosco para sempre por meio da Eucaristia.

Jesus, desejo que você esteja sempre em meu coração. Ajuda-me a participar da Eucaristia para crescer na fé e no seu amor.

Senhor, obrigado(a) por nos fortalecer pela Eucaristia, sendo o Pão da Vida que nos anima a viver e anunciar os valores que constroem o Reino de Deus.

(Espontaneamente fale para Jesus Cristo o que está no seu coração, expressando o que espera que aconteça ao receber a Eucaristia no dia em que Jesus Cristo estará plenamente com você.)

Todos(as): *Assim seja.*

Encerrar este momento com um canto.

 PARTILHANDO COM A FAMÍLIA

Conte para sua família como a Eucaristia nos fortalece para vivermos junto de Cristo e das pessoas. Relate como viviam os primeiros cristãos e conversem sobre solidariedade e fraternidade. Depois pensem: Como podemos ser solidários nos dias de hoje? O que podemos fazer concretamente?

18 JESUS VEM A NÓS NA EUCARISTIA

Jesus nos convida a recebê-lo no Sacramento da Eucaristia. Brevemente chegará o dia de sua iniciação eucarística, ou seja, o dia em que fará sua Primeira Comunhão, recebendo Jesus sacramentado pela primeira vez.

Jesus quer que sempre permaneçamos unidos a Ele.

✢ Leia 1Cor 11,23-28 e converse com seu catequista e colegas sobre o texto bíblico, contando o que mais chamou a sua atenção.

Jesus nos apresenta o pão e o vinho como símbolos do seu Corpo e Sangue, presentes na Eucaristia. Esses símbolos nos ajudam a compreender os mistérios da salvação, ou seja, todas as vezes que comemos o Pão ou bebemos o Vinho consagrados participamos da vida, da morte e da ressurreição de Jesus. Por isso, rezamos na missa dizendo: "Anunciamos, Senhor, a vossa morte e proclamamos a vossa ressurreição. Vinde, Senhor Jesus!"

Participar da Eucaristia, receber Jesus na Comunhão, fortalece-nos no seu seguimento e nos compromete a viver e agir como Ele, vivendo em união com Deus e com os irmãos.

Jesus quer ser nosso alimento na Comunhão. A preparação para recebê-lo é uma festa que nos ensina que para ir ao seu encontro, neste momento tão especial, é preciso se preparar e observar alguns pontos (cf. CIC 1384 a 1390):

- Estar em estado de graça. Isto quer dizer: estar sem pecado grave. Para isso devemos fazer um exame de consciência antes da Comunhão. Se estivermos em pecado devemos procurar o Sacramento da Reconciliação.

- Permanecer em jejum uma hora antes da Comunhão, com exceção de água e remédio.

- Ter atitude corporal que demonstre respeito, como também cuidar da roupa.

- Preparar o coração com muita piedade, carinho e devoção, pois nesse momento Cristo se torna nosso hóspede.

Ao nos aproximarmos da mesa da Comunhão o padre ou o ministro extraordinário da Comunhão Eucarística nos apresenta a Hóstia Consagrada e nos diz: "O Corpo de Cristo", e respondemos: "Amém". Depois voltamos ao nosso lugar e fazemos nossa oração; conversamos com Jesus.

Pela Eucaristia nos unimos a Cristo e assumimos o compromisso de multiplicar junto às pessoas a comunhão que acontece na missa, repartindo a amizade, o tempo, o que temos de melhor para viver em união com Deus e com os irmãos.

ATIVIDADES

1. Jesus nos convida a recebê-lo no Sacramento da Eucaristia. Ele quer que permaneçamos nele. Releia o texto bíblico do encontro anterior Jo 6,51-56. Imagine a sua Primeira Comunhão e desenhe um dos símbolos da Eucaristia. Ao redor escreva o que aprendeu nos dois últimos encontros com as palavras de Jesus.

2. O que acontece quando participamos da Eucaristia?

_____
_____
_____
_____
_____
_____
_____

3. Vamos escrever uma oração para Jesus Cristo, agradecendo por seu amor, por querer fazer morada em nosso coração por meio do Sacramento da Eucaristia.

_____
_____
_____
_____
_____
_____
_____
_____
_____
_____

O ENCONTRO EM ORAÇÃO

Se possível, fazer um momento de oração na igreja, em frente ao sacrário.

Jesus disse: "Eu sou o pão vivo descido do céu. Quem comer deste pão viverá eternamente. [...] Quem come a minha Carne e bebe o meu Sangue tem vida eterna. [...] permanece em mim e eu nele" (Jo 6,51.54.56).

Cada um lê a oração de agradecimento a Jesus Cristo que escreveu (espontaneamente).

Após cada oração repetem:

Todos: *Graças e louvores se deem a todo momento ao Santíssimo e Diviníssimo Sacramento!*

PARTILHANDO COM A FAMÍLIA

Converse com sua família sobre o encontro de hoje e reflitam: Pelo Sacramento da Eucaristia, segundo o Catecismo da Igreja Católica (n. 1391 a 1401), recebemos os frutos da Comunhão:

- **A Comunhão aumenta a nossa união com Cristo.** Assim, como o alimento comum fortalece nosso corpo, o Pão Eucarístico alimenta e fortalece nossa vida de fé, nosso espírito, para que possamos viver como Jesus, conservando, aumentando e renovando a graça recebida no Batismo.

- **A Comunhão nos separa do pecado.** Por meio da Eucaristia temos forças para lutar contra o mal. Ela nos fortalece na vivência do amor e apaga os pecados veniais.

- **A unidade do corpo místico.** A Eucaristia nos faz Igreja. Os que recebem a Eucaristia estão unidos mais intimamente a Cristo. Por isso mesmo, Ele une todos os fiéis em um só corpo, a Igreja. Pelo Batismo somos chamados a ser um só corpo. A Eucaristia nos dá a graça da unidade.

- **A Eucaristia nos compromete com os pobres.** Devemos reconhecer o Cristo nos mais pobres, nossos irmãos.

- **A Eucaristia é a unidade dos cristãos.**

A CELEBRAÇÃO EUCARÍSTICA

19

A missa tem dois momentos muito importantes: a Liturgia da Palavra e a Liturgia Eucarística. É necessário compreender o seu significado para que possamos participar melhor da missa. São duas formas de alimento espiritual para a comunidade.

A Celebração Eucarística, a missa, é um todo, que se compõe de momentos distintos e não há como dividi-la. É necessário compreender os significados desses momentos para que possamos participar melhor da missa e assumir a nossa missão de discípulos missionários de Jesus. Vamos conhecê-los?

Ritos iniciais

Sinal da cruz

Canto de entrada: tem o objetivo de nos ajudar a rezar. Ele manifesta a Deus nosso louvor e adoração.

Saudação: o padre saúda a comunidade reunida, anunciando a presença de Jesus.

Ato penitencial: em uma atitude de profunda humildade pedimos perdão de nossos pecados.

Glória: já perdoados, rezamos ou cantamos para louvar e agradecer.

Oração (Coleta).

Liturgia da Palavra

Primeira leitura: passagem tirada do Antigo Testamento. Ajuda-nos a entender melhor a missão de Jesus no Novo Testamento.

Salmo de resposta: é uma leitura do livro dos Salmos que é cantada ou rezada. O salmo nos ajuda a entender melhor a mensagem da primeira leitura. É a nossa resposta a Deus, concordando com sua Palavra.

Segunda leitura: passagem tirada do Novo Testamento, de uma das cartas ou do livro dos Atos dos Apóstolos.

Aclamação do Evangelho: é a preparação para ouvirmos o padre anunciar a mensagem de Jesus. Por isso cantamos "ALELUIA", que significa "alegria".

Evangelho: Jesus nos fala apresentando-nos o REINO DE DEUS. O padre que celebra proclama um texto extraído de um dos quatro Evangelhos, conforme determina o calendário do Ano Litúrgico.

Homilia: é uma explicação das leituras e do Evangelho realizada pelo padre.

Profissão de fé (Credo): momento em que professamos tudo aquilo que, como cristãos, acreditamos.

Oração dos fiéis: a comunidade reunida reza pela Igreja e por todas as pessoas do mundo. Nesse momento a comunidade expressa suas necessidades e agradecimentos.

Liturgia Eucarística

Apresentação das oferendas: momento em que oferecemos a nossa vida, ou seja, tudo o que somos, ao Senhor. Logo depois ocorre a oração sobre as oferendas e, por intermédio do sacerdote, o Espírito Santo consagra o pão e o vinho. O altar é organizado como lugar do sacrifício oferecido a Deus.

Consagração: reconhece-se a grandeza de Deus, e o padre pede ao Espírito Santo para que transforme o pão e o vinho em Corpo e Sangue de Jesus. Repete-se as palavras de Jesus na Última Ceia.

Comunhão: momento no qual aqueles que se sentem preparados vão em direção ao banquete do Senhor receber o seu Corpo e o seu Sangue. Realiza-se por meio da refeição do Pão e Vinho consagrados.

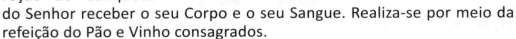

Ritos finais

Avisos: o padre ou algum leigo da comunidade anuncia algum evento ou informa algo de interesse à comunidade.

Bênção: o padre dá a bênção à comunidade.

Quando recebemos a bênção, nos despedimos e vamos então continuar a missão de Jesus no mundo.

ATIVIDADES

1. Seguindo a ordem de Jesus, a comunidade se reúne no Dia do Senhor para celebrar e reviver a Última Ceia e sua presença entre os que nele creem. Nessa celebração realizam-se alguns gestos e posições.

   Sob a orientação do seu catequista, escreva o significado dos gestos:

   * Sinal da cruz
   _____
   _____
   _____

   * Genuflexão
   _____
   _____
   _____

   * Estar de pé
   _____
   _____
   _____

   * Inclinação
   _____
   _____
   _____

   * Ficar sentado
   _____
   _____
   _____

   * Mãos levantadas
   _____
   _____
   _____

   * Ajoelhado
   _____
   _____
   _____

   * Mãos juntas
   _____
   _____
   _____

   * Cantar juntos
   _____
   _____
   _____

   * Silêncio
   _____
   _____
   _____

2. Converse com seu catequista e registre neste espaço as explicações sobre as vestes e paramentos litúrgicos usados durante a missa.
   _____
   _____
   _____
   _____
   _____
   _____
   _____

3. Existem alguns símbolos litúrgicos que são sinais sagrados que nos levam ao encontro de Deus, e para nós, cristãos, têm um importante significado. Alguns deles são: o ambão ou Mesa da Palavra; o altar, a Mesa da Eucaristia; a cruz; a vela; as imagens; o pão; o vinho; a água; o óleo e tantos outros.

* Escolha um dos símbolos e desenhe-o. Peça ao seu catequista para que explique o que significa e escreva ao lado. Depois reúnam as explicações em um cartaz coletivo.

O ENCONTRO EM ORAÇÃO

Jesus está sempre conosco. Leia atentamente Lc 24,27-31.

- O que o texto diz?
- O que o texto me diz?
- Que resposta eu dou a Jesus?
- Que mudança de vida o texto bíblico pede?
- Partilhe com seu catequista e colegas. Depois rezem em forma de mantra:

Todos: *Fica conosco, Senhor. Precisamos de sua presença em nossa vida.*

Concluam esse momento com um canto de Comunhão.

 PARTILHANDO COM A FAMÍLIA

Converse sobre o encontro de hoje e conte tudo o que aprendeu, e juntos decidam:

- O que pretendem fazer para participar melhor da missa.
- Como podem continuar a missão de Jesus no mundo.

20 OS SACRAMENTOS DA CURA

Sacramento da Penitência ou Reconciliação

Jesus nos ensinou atitudes de perdão e misericórdia para com os pecadores arrependidos. No Sacramento da Reconciliação ou Penitência é Jesus quem nos acolhe por meio da comunidade de fé, representada pelo padre.

🌸 Vamos ler Lc 19,1-10 e conversar:
- Qual a atitude de Jesus em relação a Zaqueu?
- Qual a atitude de Zaqueu depois de conhecer Jesus?

Jesus Cristo, após a sua Ressurreição, apareceu aos seus apóstolos e desejou-lhes a paz.

🌸 Leia Jo 20,22-23 e escreva o que Jesus Cristo disse aos apóstolos depois de soprar sobre eles o Espírito Santo.

🌸 _____
◎ _____
🌸 _____
_____

Logo você fará sua Primeira Eucaristia e, para isso, a Igreja pede que esteja reconciliado com Deus. Vamos entender melhor?

Quando recebemos uma visita geralmente arrumamos a nossa casa, certo? Então, para recebermos Jesus Cristo na Hóstia Consagrada é preciso nos preparar, ficando com o coração puro (sem rancor, mágoa ou ódio...) para esse momento tão importante, que é a presença de Jesus em nossa vida. Essa preparação se realiza pelo Sacramento da Reconciliação, que realizamos na confissão.

Para fazer uma boa confissão e nos preparar para receber Jesus em nossa vida é necessário seguir cinco passos:

1. Exame de consciência: é para lembrarmos dos nossos pecados. Para isso pode-se pensar nos Dez Mandamentos e analisar se falhou em algum deles.

2. Ter arrependimento: colocar-se diante de Deus, reconhecendo que pecou, e se arrepender sinceramente pelos erros cometidos.

3. Propósito: ter a vontade firme de não cometer mais o pecado, por amor a Jesus. Propor-se a mudar naquilo que falhou.

4. Confissão: é quando procuramos o padre e contamos nossos pecados para pedir perdão. O padre nos ouve no lugar de Jesus e da Igreja. Ele guarda segredo de tudo o que lhe dizemos na confissão e concede o perdão dos pecados, em nome de Jesus.

5. Satisfação: no final da confissão o padre irá nos propor uma penitência, que geralmente é uma oração ou uma atitude a ser tomada para reparar os erros cometidos.

Como confessar?

Aproximar-se do padre para contar-lhe os pecados, fazendo o sinal da cruz: Em nome do Pai, do Filho e do Espírito Santo.

O padre acolhe com estas ou outras palavras semelhantes: O Senhor esteja em teu coração para que, arrependido, confesse os teus pecados.

Então diz-se: "Padre, pequei contra Deus e contra meus irmãos. Esta é a minha Primeira Confissão. Os meus pecados são estes..." Ao terminar pode dizer: A Deus peço perdão e ao senhor absolvição.

Após, o padre diz algumas palavras, mostrando que Deus é um Pai misericordioso que está sempre disposto a perdoar. Em seguida o padre dá uma penitência, que pode ser uma oração ou uma boa ação para ser praticada.

Antes da absolvição reza-se o ato de contrição e então o padre, com a mão estendida, reza assim: "Deus, Pai de misericórdia, que pela morte e ressurreição de seu Filho reconciliou o mundo consigo e enviou o Espírito Santo para a remissão dos pecados, conceda-te pelo mistério da Igreja, o perdão e a paz". Em seguida o padre concede o perdão com estas palavras: "Eu te absolvo dos teus pecados, em nome do Pai, do Filho e do Espírito Santo".

Agradecer a Deus e pôr em prática a penitência que, junto ao padre, comprometeu-se a fazer. Pois é o gesto de perdão, de esforço por uma nova vida e melhor participação na vida da Igreja.

Pelo Sacramento da Reconciliação nos unimos a Deus e aos irmãos para viver como filhos e filhas que se amam.

Sacramento da Unção dos Enfermos

O Sacramento da Unção dos Enfermos concede uma graça especial ao cristão que está com a saúde debilitada ou tem idade avançada. Esta unção traz conforto humano e espiritual para a pessoa doente.

✣ Leia o texto bíblico Tg 5,14-15 e depois escreva-o no espaço indicado.

_____
_____
_____
_____
_____

Neste sacramento, a unção com óleo é sinal de cura e reconforto para o enfermo (cf. Tg 5,14). A graça especial do Sacramento da Unção dos Enfermos, segundo o Catecismo da Igreja Católica (n. 1532), tem como efeito:

- A união do doente com a paixão de Cristo, para o seu bem e de toda a Igreja.

- O reconforto, a paz, a coragem para enfrentar cristãmente tanto a saúde debilitada quanto a idade avançada.

- O perdão dos pecados, se não puder obtê-lo pelo Sacramento da Penitência ou Reconciliação.

> Pelo Sacramento da Unção dos Enfermos o cristão é reconfortado para enfrentar com coragem as dificuldades que o afligem, recebendo o auxílio da graça de Deus.

ATIVIDADES

1. Procure no caça-palavras os passos da confissão.

A	Q	W	R	T	U	J	K	P	L	Ç	O	U	I	R	W	Y	N	B
X	C	V	B	A	F	G	T	R	W	R	T	G	B	J	O	L	Ç	M
E	X	A	M	E	D	E	C	O	N	S	C	I	Ê	N	C	I	A	J
N	B	C	X	A	F	X	Z	P	B	N	W	Q	R	Y	U	I	O	P
G	H	J	L	A	E	Q	Q	Ó	R	E	T	Y	U	A	H	E	T	J
S	D	V	C	O	N	F	I	S	S	Ã	O	V	B	M	Q	A	R	F
A	R	R	E	P	E	N	D	I	M	E	N	T	O	E	T	H	N	C
D	B	G	A	E	T	R	S	T	F	H	J	B	V	C	D	S	A	Q
O	P	L	Ç	J	M	B	R	O	S	A	T	I	S	F	A	Ç	Ã	O

2. Quando estamos doentes é muito bom receber carinho, não é mesmo?! A Unção dos Enfermos é uma missão recebida de Jesus e se dedica a cuidar dos doentes com a unção e a intercessão, para que sejam curados e, quando isso não é possível, tenham força para suportar o sofrimento.

Ajude o padre a ir ao encontro do enfermo para lhe dar a Unção dos Enfermos. Depois pode pintar.

O ENCONTRO EM ORAÇÃO

Todos os dias você pode fazer o exame de consciência. Para isso:

- Faça um momento de silêncio.
- Pense em suas atitudes que foram boas e naquelas que não foram.
- Peça perdão a Deus e faça um propósito para melhorar, mudar seu comportamento.
- Reze o ato de contrição:

Meu Deus, eu me arrependo de todo o coração por vos ter ofendido, porque sois tão bom e amável. Prometo, com a vossa graça, nunca mais pecar. Meu Jesus, misericórdia!

 PARTILHANDO COM A FAMÍLIA

Partilhe com sua família o que aprendeu no encontro. Depois converse com eles sobre os cinco Mandamentos da Igreja e como os cumprem. Eles são:

- Ouvir missa inteira nos domingos e festas de guarda.
- Confessar-se ao menos uma vez a cada ano.
- Comungar pelo menos uma vez ao ano, pela Páscoa da Ressurreição.
- Jejuar e abster-se de carne quando manda a Santa Mãe Igreja.
- Devolver o dízimo, segundo o costume.

21
A PARÁBOLA DO FILHO PRÓDIGO

O que é pecado? São atitudes ou posturas que temos e que causam o rompimento da nossa amizade com Deus. Mas, a nossa vida é cheia de sinais da graça divina, da sua misericórdia, do seu perdão que reata a nossa amizade com Ele.

🌼 Leia Lc 15,11-32 e, se possível, dramatizem esse texto em grupo. Converse com seu catequista e colegas sobre o texto bíblico, procurando entender o significado do perdão.

Escreva a conclusão sobre o que é o perdão de Deus.

_____
_____
_____
_____

Com esta parábola Jesus nos revela a misericórdia de Deus. Contudo, é preciso que, além de reconhecer os nossos erros, façamos algo concreto para repará-los. E também é preciso compreender que a mesma misericórdia que recebemos de Deus devemos exercitar em relação àqueles que por vezes nos magoam, sendo justos e sabendo perdoar.

ATIVIDADES

1. Faça a história do Filho Pródigo em quadrinhos. Capriche nos desenhos!!!

2. Escreva o que você pensou do texto bíblico Lc 15,11-32 em relação à:

* Atitude do filho pródigo.
___
___
___

* Atitude do irmão mais velho.
___
___
___

* Atitude do pai.
___
___
___

 O ENCONTRO EM ORAÇÃO

Somente conhecendo a Deus e seu amor incondicional por nós é que podemos realmente viver na graça. Quem vive o amor de Deus e permanece unido a Ele vive afastado do pecado.

- Como eu posso viver no amor de Deus e evitar o pecado? (Respostas espontâneas.)

Senhor, eu quero permanecer em ti, por isso eu... (Orações espontâneas.)
Vamos rezar: Pai nosso...

 PARTILHANDO COM A FAMÍLIA

Comente o que aprendeu sobre a Parábola do Filho Pródigo. Releia o texto bíblico com sua família e reflitam sobre as atitudes do irmão mais novo, do irmão mais velho e a do pai, e como cada um pratica a misericórdia de Deus.

OS SACRAMENTOS DO SERVIÇO

22

Sacramento da Ordem ➤ Este sacramento é destinado àqueles que querem dedicar sua vida a serviço de Jesus. A Igreja precisa de pessoas que a auxiliem na condução dos trabalhos que realiza.

Jesus escolheu seus apóstolos para que continuassem a sua missão.

✤ Leia o texto bíblico de Lc 22,19-20 e converse sobre ele com seu catequista e colegas.

São três os graus do Sacramento da Ordem:

- O primeiro grau do Sacramento da Ordem é o diaconato, exercido pelos diáconos. Estes, fortalecidos pela graça sacramental, assemelham-se a Cristo, que nos ensinou o serviço e a humildade. Servem ao Povo de Deus no serviço da liturgia, da Palavra e da caridade. Existem também os diáconos permanentes que podem ser solteiros ou casados.

- O presbiterato é o segundo grau do Sacramento da Ordem, sendo exercido pelos presbíteros (padres). Ele está unido ao seu bispo, e na comunidade é responsável em anunciar o Evangelho e celebrar o culto divino.

- O episcopado é o terceiro grau do Sacramento da Ordem, exercido pelos bispos. São os sucessores dos apóstolos. Eles têm a plenitude do Sacramento da Ordem.

Cabe aos bispos conferir o Sacramento da Ordem nos três graus, entre outras atividades.

A Ordem é o Sacramento pelo qual a missão confiada por Cristo a seus apóstolos continua sendo exercida na Igreja até o fim dos tempos; é, portanto, o Sacramento do ministério apostólico (cf. CIC 1536).

Sacramento do Matrimônio

Como é linda a cerimônia de um casamento!

Converse com seu catequista e colegas sobre o que vivenciou participando de festas de casamento. O que você viu que chamou a sua atenção? Depois de conversar, descreva os símbolos e gestos desse sacramento.

_____
_____
_____
_____
_____
_____

A festa é sempre bonita, mas o sentido é profundo. O casamento é o Sacramento do Matrimônio, porque é sinal de comunhão e do amor de Deus em Jesus Cristo, vividos por um homem e uma mulher.

✣ Leia o texto bíblico de Ef 5,25-33 e depois responda:

 ◉ O que nos ensina este texto sobre o amor entre marido e mulher?

_____
_____
_____
_____

> O Sacramento do Matrimônio significa a união de Cristo com a Igreja. Concede aos esposos a graça de amarem-se com o mesmo amor que Cristo amou a sua Igreja; a graça do sacramento leva à perfeição o amor humano dos esposos, consolida sua unidade indissolúvel e santifica-os no caminho da vida eterna (CIC 1661).

No Sacramento do Matrimônio o casal promete um ao outro viver no amor e na fidelidade. Os noivos, como ministros desse sacramento, assumem este compromisso diante de Deus e da Igreja, que os abençoa em sua vocação.

 ATIVIDADES

1. Vamos descobrir o que aprendeu sobre os sacramentos da Ordem e do Matrimônio?! Complete as questões.

   * Quais são as funções do:

     * Diácono
     _____
     _____
     _____

     * Presbítero (padre)
     _____
     _____
     _____

     * Bispo
     _____
     _____
     _____

   * Responda:

     * Quem são os ministros do Sacramento do Matrimônio?
     _____
     _____
     _____

     * O que significam as alianças?
     _____
     _____
     _____

 O ENCONTRO EM ORAÇÃO

Nós, como cristãos, devemos rezar muito pelas vocações sacerdotais, pedindo para que Jesus chame mais jovens a viverem essa vida de entrega a Deus.

* Leia o texto bíblico de Mt 9,35-38 e, depois de refletir, faça sua oração em silêncio.

No Catecismo da Igreja Católica encontramos, no número 1666, a seguinte orientação: "O lar cristão é o lugar em que os filhos recebem o primeiro anúncio da fé. Por isso, o lar é chamado, com toda razão, de 'Igreja doméstica', comunidade de graça e de oração, escola das virtudes humanas e da caridade cristã".

Rezemos por todos os casais, para que a sua união por meio do Sacramento do Matrimônio seja um sinal do amor de Cristo pela Igreja.

Orações espontâneas.

Canto à escolha.

PARTILHANDO COM A FAMÍLIA

Converse sobre o que aprendeu e pensem como podem servir à comunidade. Também pensem como os casais nos dias de hoje podem ser sinais do amor de Cristo pela Igreja.

ORAÇÕES

Pai-nosso

Pai nosso que estais nos céus, santificado seja o vosso nome, venha a nós o vosso reino, seja feita a vossa vontade, assim na terra como no céu. O pão nosso de cada dia nos dai hoje, perdoai-nos as nossas ofensas, assim como nós perdoamos a quem nos tem ofendido, e não nos deixeis cair em tentação, mas livrai-nos do mal. Amém.

Ave-Maria

Ave Maria, cheia de graça, o Senhor é convosco, bendita sois vós entre as mulheres, e bendito é o fruto do vosso ventre, Jesus. Santa Maria, mãe de Deus, rogai por nós pecadores, agora e na hora de nossa morte. Amém.

Profissão de fé – Credo

Creio em Deus Pai todo-poderoso, criador do céu e da terra; e em Jesus Cristo, seu único Filho, Nosso Senhor; que foi concebido pelo poder do Espírito Santo; nasceu da Virgem Maria, padeceu sob Pôncio Pilatos, foi crucificado, morto e sepultado; desceu à mansão dos mortos; ressuscitou ao terceiro dia; subiu aos céus; está sentado à direita de Deus Pai todo-poderoso, donde há de vir a julgar os vivos e os mortos. Creio no Espírito Santo, na santa Igreja Católica, na comunhão dos santos, na remissão dos pecados, na ressurreição da carne, na vida eterna. Amém.

Glória-ao-Pai

Glória ao Pai, ao Filho e ao Espírito Santo. Assim como era no princípio, agora e sempre. Amém.

Salve-Rainha

Salve Rainha, mãe de misericórdia, vida, doçura e esperança nossa, salve! A vós bradamos os degredados filhos de Eva. A vós suspiramos, gemendo e chorando neste vale de lágrimas. Eia, pois, advogada nossa, esses vossos olhos misericordiosos a nós volvei, e depois deste desterro mostrai-nos Jesus, bendito fruto de vosso ventre. Ó clemente! Ó piedosa! Ó doce sempre Virgem Maria.

V. Rogai por nós, Santa Mãe de Deus.

R. Para que sejamos dignos das promessas de Cristo.

Santo-anjo-do-Senhor

Santo anjo do Senhor, meu zeloso guardador. Se a ti me confiou a piedade divina, sempre me rege, me guarda, me governa, me ilumina. Amém.

Ato de contrição

Meu Deus, eu me arrependo de todo o coração de vos ter ofendido, porque sois tão bom e amável. Prometo, com a vossa graça, esforçar-me para ser bom. Meu Jesus, misericórdia!

Oração do Espírito Santo

Vinde, Espírito Santo, enchei os corações dos vossos fiéis e acendei neles o fogo do vosso amor! Enviai o vosso Espírito e tudo será criado, e renovareis a face da terra.

Oremos: Ó Deus que instruístes os corações dos vossos fiéis com a luz do Espírito Santo, fazei que apreciemos retamente todas as coisas segundo o mesmo Espírito e gozemos sempre de sua consolação. Por Cristo, Nosso Senhor. Amém.

RITO DE FORTALECIMENTO (EXORCISMOS)

1

(Na hora da Oração dos Fiéis os eleitos, com seus padrinhos, colocam-se ajoelhados diante do que preside a celebração.)

Celebrante: Oremos por estes eleitos que a Igreja confiantemente escolheu após a preparação necessária, para que encontrem com o Cristo no Sacramento do Batismo.

(Enquanto são feitas as preces, os padrinhos colocam a mão no ombro do afilhado.)

1. Para que sejam libertados do espírito de descrença, que afasta do caminho de Cristo, roguemos:
2. Para que, salvos por aquele que tira o pecado do mundo, sejam libertados do contágio e da influência do mal, roguemos:
3. Para que todos nós, pelo exemplo de nossa vida, sejamos, em Cristo, luz do mundo, roguemos:

Celebrante (Oração de libertação): *Senhor, Tu és grande, Tu és Deus e nosso Pai. Pedimos-te pela intercessão e ajuda dos arcanjos São Miguel, São Rafael e São Gabriel para que esta oração traga libertação do maligno.*

(Após cada invocação todos respondam: Libertai-nos, Senhor.)

Da angústia, da tristeza e da obsessão,
Do ódio, da malícia e da inveja,
Dos pensamentos de ciúme, raiva e das doenças físicas,
Dos pensamentos de suicídio e aborto,
Da divisão da família, da separação entre esposos e de toda má amizade,
Das traições e infidelidades,
De assassinatos, drogas e vícios,
De roubos, mentiras e perversidade,
De todo tipo de desejo de fazer o mal, de toda falsa doutrina,
Das idolatrias, magias e apego aos bens materiais,
Da promiscuidade, da troca de religião e de brincar com as coisas de Deus,

Celebrante (Estende as mãos sobre os eleitos e ora): *Deus todo-poderoso e eterno, que nos prometestes o Espírito Santo por meio do vosso Filho Unigênito, atendei a oração que vos dirigimos por estes catecúmenos que em Vós confiam. Afastai deles todo o espírito do mal, todo erro e todo pecado, para que possam tornar-se templos do Espírito Santo. Fazei que a palavra que procede de nossa fé não seja dita em vão, mas confirmai-a com aquele poder e graça com que o vosso Filho Unigênito libertou do mal este mundo. Por Cristo, Nosso Senhor.* **Amém**.

Pode-se rezar ou cantar a Ladainha dos Santos e ao final fazer a unção no peito com o óleo dos catecúmenos.

Encerra-se com um canto a Jesus.

RITO DE ENTREGA DO CREIO OU SÍMBOLO

Logo depois da homilia, o celebrante – ou um catequista – convida os catecúmenos ou os crismandos para se aproximarem do altar, dizendo:

Aproximem-se os que estão se preparando para receber os sacramentos da fé (ou o Sacramento da Confirmação) (e faz o chamado).

Depois o celebrante continua

Celebrante: Caríssimos irmãos e irmãs, vocês estão continuando a sua caminhada de preparação para receber os sacramentos da fé (ou para confirmar sua fé) em Jesus Cristo, na Igreja Católica. Nossa paróquia acompanha com simpatia e carinho e sustenta com a oração cada um de vocês, filhos e irmãos.

Hoje entregamos aquele que, desde antigamente, era como o resumo da fé da Igreja: o CREIO ou SÍMBOLO. São poucas palavras, mas contêm grandes mistérios. A nossa fé está nelas contida. Desejamos que elas fiquem guardadas em seus corações e sejam testemunhadas pela vida e "vocês permaneçam alicerçados e firmes na fé" (Cl 1,23).

Deixar a voz dos catecúmenos sobressaírem na reza do Creio.

Celebrante: *Esta é a nossa fé que da Igreja recebemos: razão de nossa alegria em Cristo Jesus Nosso Senhor.*

Todos: Amém!

Segue-se a Oração dos Fiéis e conclui-se com a seguinte oração:

Oração sobre os eleitos: *Senhor Jesus Cristo, que em vosso admirável plano de misericórdia convertestes a pecadora, para que adorasse o Pai em espírito e verdade, libertai agora das ciladas do demônio estes eleitos que se aproximam das fontes da Água Viva; convertei seus corações pela força do Espírito Santo, a fim de conhecerem o vosso Pai, pela fé sincera que se manifesta na caridade. Vós que sois Deus com o Pai, na unidade do Espírito Santo.* **Amém.**

3
RITO DE ENTREGA DA ORAÇÃO DO SENHOR

Depois do **Amém** que encerra a Oração Eucarística o catequista chama pelo nome os catecúmenos ou crismandos. Depois o celebrante diz:

Celebrante: Queridos irmãos e irmãs, vocês já sabem quanto é bom seguir a Jesus. Hoje estão aqui para dar mais um passo nesta estrada. Cristo enviou seu Espírito para que nos tornássemos filhos adotivos e clamássemos: *Abba, Pai.*

Guiados pelo Espírito de Jesus e iluminados pela sabedoria do Evangelho, agora, juntos, rezemos como Jesus nos ensinou: *Pai-nosso.*

Depois o celebrante convida os fiéis a orarem.

Celebrante: Oremos pelos nossos eleitos: que o Senhor nosso Deus abra seus corações e as portas da misericórdia, para que possam viver em suas vidas estas palavras que acabaram de pronunciar.

Todos rezam em silêncio.

O presidente da celebração com as mãos estendidas sobre os crismandos ou eleitos diz:

Celebrante: *Deus, Pai de Jesus e nosso Pai, aumentai a fé e o entendimento destes nossos irmãos e irmãs, para que participem sempre mais com alegria e fé da vida da Igreja e testemunhem com suas vidas o vosso amor. Por Cristo Nosso Senhor.* **Amém.**

A missa continua com a Oração da Paz.

REFERÊNCIAS

BECKHÄUSER, A. *Os fundamentos da Sagrada Liturgia*. Petrópolis: Vozes, 2004.

Bíblia sagrada – Edição da família. 45. ed. rev. Petrópolis: Vozes, 2001.

Catecismo da Igreja Católica. 8. ed. Petrópolis/São Paulo: Vozes/Paulinas/Loyola/Ave Maria, 1998.

CELAM. *Conclusões da IV Conferência do Episcopado Latino-Americano*: Santo Domingo. São Paulo: Paulinas, 1992 [Texto oficial].

Documento da CNBB, n. 84 – Diretório Nacional de Catequese. 2. ed. Brasília: CNBB, 2008.

Documento de Aparecida. Brasília/São Paulo: CNBB/Paulinas/Paulus, 2007.

PEREIRA, J.C. *Liturgia: sugestões para dinamizar as celebrações* – Anos A, B e C. Petrópolis: Vozes, 2009.

CULTURAL

Administração
Antropologia
Biografias
Comunicação
Dinâmicas e Jogos
Ecologia e Meio Ambiente
Educação e Pedagogia
Filosofia
História
Letras e Literatura
Obras de referência
Política
Psicologia
Saúde e Nutrição
Serviço Social e Trabalho
Sociologia

CATEQUÉTICO PASTORAL

Catequese
Geral
Crisma
Primeira Eucaristia

Pastoral
Geral
Sacramental
Familiar
Social
Ensino Religioso Escolar

TEOLÓGICO ESPIRITUAL

Biografias
Devocionários
Espiritualidade e Mística
Espiritualidade Mariana
Franciscanismo
Autoconhecimento
Liturgia
Obras de referência
Sagrada Escritura e Livros Apócrifos

Teologia
Bíblica
Histórica
Prática
Sistemática

REVISTAS

Concilium
Estudos Bíblicos
Grande Sinal
REB (Revista Eclesiástica Brasileira)

VOZES NOBILIS

Uma linha editorial especial, com importantes autores, alto valor agregado e qualidade superior.

VOZES DE BOLSO

Obras clássicas de Ciências Humanas em formato de bolso.

PRODUTOS SAZONAIS

Folhinha do Sagrado Coração de Jesus
Calendário de mesa do Sagrado Coração de Jesus
Agenda do Sagrado Coração de Jesus
Almanaque Santo Antônio
Agendinha
Diário Vozes
Meditações para o dia a dia
Encontro diário com Deus
Guia Litúrgico

CADASTRE-SE
www.vozes.com.br

EDITORA VOZES LTDA.
Rua Frei Luís, 100 – Centro – Cep 25689-900 – Petrópolis, RJ
Tel.: (24) 2233-9000 – Fax: (24) 2231-4676 – E-mail: vendas@vozes.com.br

UNIDADES NO BRASIL: Belo Horizonte, MG – Brasília, DF – Campinas, SP – Cuiabá, MT
Curitiba, PR – Fortaleza, CE – Goiânia, GO – Juiz de Fora, MG
Manaus, AM – Petrópolis, RJ – Porto Alegre, RS – Recife, PE – Rio de Janeiro, RJ
Salvador, BA – São Paulo, SP